Elisabeth Kluge

Aufbruch-Abbruch-Neubeginn

Elisabeth Kluge

Aufbruch-Abbruch-Neubeginn

Geistliche Erinnerungen an meine aufgelöste Pfarrgemeinde in einem Wiener Tröpferlbad

Fromm Verlag

Impressum / Imprint
Bibliografische Information der Deutschen Nationalbibliothek: Die Deutsche Nationalbibliothek verzeichnet diese Publikation in der Deutschen Nationalbibliografie; detaillierte bibliografische Daten sind im Internet über http://dnb.d-nb.de abrufbar.

Bibliographic information published by the Deutsche Nationalbibliothek: The Deutsche Nationalbibliothek lists this publication in the Deutsche Nationalbibliografie; detailed bibliographic data are available in the Internet at http://dnb.d-nb.de.

Coverbild / Cover image: www.ingimage.com

Verlag / Publisher:
Fromm Verlag
ist ein Imprint der / is a trademark of
AV Akademikerverlag GmbH & Co. KG
Heinrich-Böcking-Str. 6-8, 66121 Saarbrücken, Deutschland / Germany
Email: info@frommverlag.de

Herstellung: siehe letzte Seite /
Printed at: see last page
ISBN: 978-3-8416-0379-1

Inhaltsverzeichnis

Pervertierte Show des christlichen Glaubens - Mt 6,1-4:

Gottesdienst am 2. September 2007

Habt acht auf eure Frömmigkeit, dass ihr die nicht übt vor den Leuten, um von ihnen gesehen zu werden; ihr habt sonst keinen Lohn bei eurem Vater im Himmel. Wenn du nun Almosen gibst, sollst du es nicht vor dir ausposaunen lassen, wie es die Heuchler tun in den Synagogen und auf den Gassen, damit sie von den Leuten gepriesen werden. Wahrlich, ich sage euch: Sie haben ihren Lohn schon gehabt. Wenn du aber Almosen gibst, so lass deine linke Hand nicht wissen, was die rechte tut, damit dein Almosen verborgen bleibe; und dein Vater, der in das Verborgene sieht, wird Dir's vergelten.

Liebe Gemeinde!

Der heutige Predigttext erzählt uns von einer Situation, die sicherlich vielen von uns bekannt ist. Er hält uns schonungslos vor Augen, wie so manche Christinnen und Christen auch sein können: die, die ihren Glauben an Gott, die ihre Frömmigkeit zur Schau stellen. Da wird der eigene Glaube, das eigene fromme Tun besonders herausgehoben, um vor anderen gut da zu stehen. Es wird betont, wie viel man in der Bibel liest und wie viel und oft man für gute Zwecke spendet. So besonders fromme Christinnen und Christen sind dann auch schnell bei der Sache, wenn es darum geht, über andere zu urteilen.

Ich habe Ihnen ein Bild mitgebracht, das für mich die Zur-Schau-Stellung von Frömmigkeit sehr gut verkörpert: Papst Benedikt, umringt von Kindern und darunter die Worte: „an die Liebe glauben“.

Alle Welt – Cover vorzeigen

Liebe Gemeinde, wenn ich Ihnen das hier zeige, dann möchte ich nicht, dass Sie denken, ich würde meinen, alle Katholikinnen und Katholiken sind genauso. Ich möchte nicht, dass Sie denken, ich will hier den Papst und die katholische Kirche verunglimpfen. Als ich aber am Donnerstagabend nach langer Zeit wieder in meiner Wohnung war und in der Post unter anderem auch diese Zeitschrift fand – bei der ich bis heute wirklich nicht weiß, wieso ich sie bekomme und woher die meine Adresse haben – da erinnerte mich genau dieses Bild an etwas ganz bestimmtes. Als gebürtige DDR-Bürgerin erinnerte mich dieses Bild an die vielen sozialistischen Führer und auch andere Diktatoren, die sich – mit einem breiten Lächeln auf den Lippen – umringt von Kindern ablichten ließen, um ihre Kinder- und Familienfreundlichkeit zu zeigen. Solche Bilder gibt es m.E. von Erich Honecker, von Stalin, Lenin, Saddam Hussein und wie sie alle heißen. Und diese Bilder waren nichts als Propaganda. Der Führer des Volkes sollte als der kinderfreundliche liebe Herr dargestellt werden.

Es liegt mir natürlich fern, Papst Benedikt mit Honecker, Stalin und Lenin zu vergleichen. Das will ich keinesfalls. Aber dieses Cover transportiert ganz gezielt eine Botschaft: Papst Benedikt ist der Liebende und der Kinderfreundliche – ganz auf der guten christlichen Linie! Und wenn ich dann noch im Text zu diesem Bild im Inneren der Zeitschrift lese, wie der Nationaldirektor von Missio, der Päpstlichen Missionswerke in Österreich, Leo-M. Maasburg, überzeugt sagt: „Dass in Mariazell mit dem Papst Gottesdienst gefeiert werden kann, macht deutlich, dass wir Weltkirche sind, dass alles, was uns als Christen in Österreich bewegt, auch die Kirche auf der ganzen Welt angeht und betrifft." – liebe Gemeinde, dann wird mir richtiggehend übel. Nicht nur, dass das inhaltlich blanker Unsinn ist – das ist pervertierte Show des christlichen Glaubens. Und soweit ich das in letzter Zeit mitbekommen habe, regen sich nicht nur wir Protestantinnen und Protestanten über so etwas auf, sondern auch eine Menge gutmütiger Katholikinnen und Katholiken.

Liebe Gemeinde, auch wenn mir vor Augen ist, was für fromme Menschen der Predigttext wahrscheinlich meint, und auch wenn ich dieses Beispiel, das ich Ihnen eben gezeigt habe, zur Verdeutlichung habe, so fällt es mir doch schwer, darüber zu predigen. In dieser Gemeinde bin ich neu. Es ist mein zweiter offizieller Arbeitstag. Und soweit ich unsere Gemeinde bisher kennen gelernt habe, ist mir nicht aufgefallen, dass es unter uns ein Problem gibt, dass nach Frömmelei ausschaut.

Gleichwohl muss sich jeder und jede von uns bei diesem Text fragen – gibt es Momente in meinem Leben, wo ich dazu neige, Dinge zu tun, um besser vor den anderen da zu stehen? Das muss jetzt auch gar nichts mit dem Glauben zu tun haben. Vielleicht haben wir manchmal unbewusste Machtgelüste und die Gier nach Anerkennung, nach Lob und Bestätigung, nach denen sich unser Ich sehnt. Rechnen wir uns manchmal aus, dass wir Ruhm und Ansehen bei anderen erlangen, wenn wir etwas Bestimmtes vollbringen? – Vielleicht hätten wir die Mühe gar nicht erst auf uns genommen, wenn wir keine Anerkennung dadurch erhalten hätten.

Ganz klar sagt der Predigttext, dass die keinen Lohn bei Gott haben, die ihre Frömmigkeit und ihr Almosengeben zur Schau stellen, um gesehen zu werden. Mit Gottes Lohn ist dann also nicht mehr zu rechnen, wenn man durch Frommsein Anerkennung und Ruhm schon von den Menschen auf Erden bekommen hat. Kurz und knapp wischt der Text alle Hoffnungen weg, dass man sich Gottes Lohn heimlich erarbeiten könnte. Und warum? – Weil Gott in unser Herz schaut. Dort sieht er nicht nur das, was wir ihn sehen lassen möchten. Das Gute, das Schöne, das Erfolgreiche. Er kennt uns so genau, dass ihm auch die verborgenen Tiefen und die Dunkelheit und Selbstbezogenheit in uns auffallen. Und so wird für ihn auch erkennbar, welche Motivation hinter unseren Taten steckt. Ist sie nun eigennützig oder uneigennützig.

Dieser kritische Blick Jesu auf frommes Tun – nicht nur wir selbst müssen ihn uns gefallen lassen. Dieser Blick gilt auch den Gemeinden und Leitungsgremien in unserer Kirche. Er gilt den Projekten, der Arbeit, der Hilfe für Bedürftige. Werden sie getan, um an Gottes Reich weiter zu bauen? Oder werden sie hinausposaunt, um damit darzustellen, wie toll man ist?

Sicher, wir dürfen und sollen uns freuen, wenn etwas in unseren Gemeinden voran geht und wächst. Wir dürfen nicht vergessen, dass Menschen natürlich Anerkennung, Dank und Lob für ihre Arbeit, für ihr Engagement brauchen – besonders, wenn sie gelungen ist. Jeder Mensch von uns benötigt regelmäßig die Bestätigung durch andere. Gott freut sich auch über die Ergebnisse von gelungenen Projekten, über wachsende Gemeinden.

Aber wovon Jesus hier redet, das ist das Tun für das eitle Ich in uns, das nach weltlichem Ruhm giert. Und anscheinend freut Gott sich nicht über den eitlen Ruhm der Menschen, die großartig geplant, vollzogen, weiter gebracht und erfolgreich vollendet haben, wenn sie sich dabei nur noch um sich selbst drehen.

Liebe Schwestern und Brüder, wir haben in Kaisermühlen und Kagran sicher noch ein ganzes Stück Arbeit in unserer Gemeinde vor uns. Die Gemeinde ist sehr jung, sie besteht noch nicht lang. Vieles ist schon in die Wege geleitet worden. Viele Dinge laufen bereits gut und bedürfen einfach des Weitertragens. Und dann gibt es da auch Bereiche, wo mir von einigen Gemeindegliedern signalisiert wurde – da müssen wir etwas aufbauen! Oder: da müssen wir an einer bestimmten Stelle etwas verändern.

Und dann unterliegt unsere Gemeinde wie auch zahlreiche andere Gemeinden den Veränderungen und Bewegungen unserer Zeit. Menschen müssen immer wieder neu angesprochen werden, man muss neu auf sie zugehen.

Die Veränderungen in unserer Gesellschaft spiegeln sich ja auch in unserem Gemeindeleben und bei unseren Gemeindegliedern wider. Das sind alles Herausforderungen, denen man sich immer wieder stellen muss. Nie ist die Arbeit in einer Gemeinde fertig und abgeschlossen. Es geht immer weiter. Es muss immer etwas getan werden.

Doch es ist auf dem Hintergrund des heutigen Predigttextes die Frage – wie gehen wir damit um? Nehmen wir die Chancen wahr und arbeiten wir am Aufbau, am Ausbau und am Weiterbau an dieser Gemeinde, weil es unsere tiefste Überzeugung ist, dass Gott das von uns möchte? Ist uns klar, dass wir die Menschen in unserer Gemeinde erreichen müssen, weil wir Jesu Botschaft von der Liebe Gottes zu uns Menschen weitergeben müssen? Sehen wir, dass Menschen in unserer Gemeinde eine Heimat, Geborgenheit und Liebe finden sollen, weil damit ein Stück an der Verwirklichung von Gottes Reich in dieser Welt vollzogen wird?

Oder brauche ich das Wachsen unserer Gemeinde, um vor anderen toll da zu stehen, um dem eitlen Ich in mir zu sagen: ha, was habe ich da Grandioses geschafft! Um in Wien oder in Österreich sagen zu können – seht, was wir hier in Kaisermühlen und Kagran vollbringen, sind wir nicht fantastisch?

So wird unsere Gemeindearbeit heute und in Zukunft nicht von Erfolg gekrönt sein. Gott wird dann nicht mit uns sein. Gott wird uns seinen Segen vorenthalten. So hart das klingt – aber so können wir den Predigttext auch deuten.

Unsere Gemeinde wird wachsen, erblühen und gedeihen – nicht, damit unsere Eitelkeit wächst, sondern zur Ehre Gottes und zum Wohl unserer Gemeindeglieder. Das allein braucht unsere einzige Orientierung bei der Arbeit in unserer Gemeinde zu sein. Das ist alles. Gott wird uns dabei zur Seite stehen und unser Tun segnen.

Damit wir ein Segen für andere werden.

Amen.

Der Weg, den Du gehen sollst - Ps 32,8:

Ordinationsgottesdienst am 6. Oktober 2007

Ich will Dich unterweisen und Dir den Weg zeigen, den Du gehen sollst; ich will Dich mit meinen Augen leiten.

Liebe Gemeinde,

Anfang der neunziger Jahre war ich als junges Mädchen mit einer Chorrüstzeit in Vorpommern unterwegs. Der sächsische Kirchenmusikdirektor, der diese so genannte „Singfahrt", wie sie hieß, leitete, hatte sich vorgenommen, mit seinem Chor hauptsächlich kleine Gemeinden zu besuchen, die sehr selten Konzerte hatten oder auch selten herausragende Veranstaltungen. So führte uns die Chorreise auch in ein kleines idyllisches Dörflein irgendwo im Dreieck zwischen Greifswald, Rostock und Berlin. Wir wurden mit unserem Chor von etwa 35 Leuten von der jungen Pfarrerin eingeladen, die uns in ihrem Wohnzimmer alle unterbrachte. Sie bewohnte allein ein riesiges Pfarrhaus aus rotem Backstein inmitten eines großen verwachsenen Gartens. Durch das Dorf floss auch ein kleiner vor sich hin plätschernder Bach.

Die Kirchen, die wir auf dieser Chorreise besuchten, waren oft kleine alte, ganz süße, romantische Kirchlein, manche mit romanischen Elementen, andere mit gotischen.

Ich erinnere mich an diese Chorreise so besonders gut und gern, weil ich damals einen Entschluss fasste. Mein Gedanke, evangelische Theologie zu studieren, war Anfang der neunziger Jahre zwar noch nicht voll ausgereift. Aber er hatte schon erste Spuren hinterlassen. Und so dachte ich mir bei den Erlebnissen auf dieser Chorreise – mein Traum vom Pfarramt wäre ein riesiges rotes Backsteinpfarrhaus mit einem großen verwilderten Garten, durch den ein munteres Bächlein fließt. Und dazu malte ich mir immer ein kleines romantisches Kirchlein im romanischen oder gotischen Stil in einem kleinen idyllischen Dörfchen aus.

Ich will Dich unterweisen und Dir den Weg zeigen, den Du gehen sollst.

Nun, es kam anders. Nachdem ein Stipendium für ein Studium in den USA gescheitert war, ging ich nach Wien und lernte hier beim Studium meinen reformierten Mann kennen. Ich hatte nie zuvor gedacht, mal nach Österreich zu gehen, weil es da einfach keine Berührungspunkte gab, und ich hatte auch nie zuvor engere Kontakte zur reformierten Kirche gehabt – bis auf dass ich in einer unierten deutschen Landeskirche konfirmiert wurde.

Heute arbeite ich als Pfarrerin in einer noch gar nicht so alten und erst vor kurzem offiziell gegründeten Gemeinde. Ebenfalls nie zuvor hatte ich daran gedacht, mal in einer so jungen Gemeinde zu arbeiten. Und man muss zugeben, dass der Goethehof, wo sich unser Gemeindezentrum befindet, nun wirklich kaum Ähnlichkeit mit romanischen oder gotischen Elementen aufweist – dafür aber noch Spuren seiner Tröpferlbadvergangenheit.

Kaisermühlen mag zwar ruhiger als der Stephansplatz sein – trotzdem ist auch hier die Großstadt spürbar und kein idyllisches Dorf vorhanden. Meine Dienstwohnung bzw. die meines Mannes hat auch keine Ähnlichkeit mit einem roten Backsteinhaus. Und der nächste Baum befindet sich im Grundstück des katholischen Kindergartens. Auch einen Bach gibt es dort nicht. Dafür schauen wir zur einen Seite auf das Dach einer Hofer-Filiale, zur anderen Seite auf das Dach einer Zielpunkt-Filiale.

Doch viel Wasser kann ich mit meiner Gemeinde schon in Verbindung bringen. Hinter dem Goethehof ist das Kaiserwasser, und ebenfalls nicht so weit weg die neue und die alte Donau.

Also – eigentlich ist alles komplett anders als das, was ich mir einmal erträumt und vorgestellt hatte. Und dennoch – auch wenn alles so ganz anders ist, als es mal sein sollte – ist es nicht trotzdem gut? Ist es nicht vielleicht sogar besser? Wer sagt denn, dass das, was man sich erträumt und rosarot ausmalt, immer dann wirklich auch das ist, was einem Freude, Glück und Zufriedenheit bereitet?

Vor etwa dreieinhalb Jahren hat mein Vater für meinen Mann Harald und mich den Vers, den ich auch als Ordinationsspruch und Text für diese Predigt genommen habe, als Vers für unsere Trauung ausgewählt. Ich konnte mit diesem Vers zuerst nicht viel anfangen, denn er spricht nicht explizit mit seinen Worten vom Segen Gottes, vom Heil für diese Welt oder von der Hilfe in der Not. Und doch steckt soviel in diesen Worten, wenn man sich darauf besinnt, was Gottes Unterweisung alles bedeuten kann. Was sein Zeigen eines Weges alles beinhalten kann. Und wie die Leitung durch ihn – und hier sogar mit seinen Augen - aussehen kann.

Erst allmählich füllt sich dieser Vers aus Psalm 32 für mich. Und ich merke – da ist etwas dran. Wenn ich zurückschaue auf die Aspekte meines bisherigen Lebens, die ich eben genannt habe, und auch noch einige andere in den Blick nehme, dann füllt sich die Bedeutung dieses Verses. Vielleicht geht es auch einigen unter ihnen so, die Wege in ihrem Leben eingeschlagen haben, die ganz anders verliefen, als sie es sich erträumt und erhofft hatten.

Ich will Dich unterweisen.

Gott nimmt ganz konkret mit uns Kontakt auf, wenn er so spricht. Gott, der in Jesus Christus menschliche Gestalt angenommen hat. Da muss es niemanden geben, der dazwischen steht und der uns Weisung gibt. Wir dürfen uns ganz Gott hingeben und auf seine Weisung vertrauen.

Diese Unterweisung heißt Konfrontation mit Gottes Forderungen an uns, mit Gottes Geboten, mit Gottes Gesetz und Gottes Segen und seiner Heilszusage für uns Menschen, so, wie wir sie oft aus Jesu Worten hören können.

Und diese Unterweisung Gottes heißt auch Anregung. Das ist mir besonders bei den Evangelien und Predigttexten in der lutherischen Perikopenordnung wieder deutlich geworden, wenn man sich die Texte der vergangenen Sonntage bis hin zum Ende des Kirchenjahres einmal genauer anschaut. Es sind Texte, die u.a. mit den Themen Dankbarkeit, heuchlerische Frömmigkeit, falsches Sorgen und Vertrauen auf Gottes Zuwendung konfrontieren. Die Konfrontation mit diesen Texten regt dazu an, sich mit diesen Themen zu beschäftigen und darüber nachzudenken – welchen Stellenwert haben diese Dinge in meinem Leben? Welche Rolle spielen sie? Bin ich diesbezüglich auf dem richtigen Weg oder benötigt es eine Kurskorrektur?

Und immer wenn ich solch einen Text predigen musste oder jemand anderen dazu predigen hörte, hatte ich anschließend das Gefühl, dass ich durch diese Konfrontation ein Stück weiter gekommen bin in meinem Leben. Wohl dem, der sich weiter entwickeln kann und nicht stehen bleibt in seinem Leben! Und auch, wenn in so manchem Text Jesus fast autoritär Anweisungen gegeben hat – ich empfand diese Texte trotzdem nicht als schroffe Befehle oder fromme Peitschenknallerei. Texte, in denen Jesus fragt, was wir alles tun könnten, wenn unser Glaube so groß wäre wie ein Senfkorn. Und Evangelien, in denen durch das Bild von den Lilien auf dem Felde und den Vögeln am Himmel deutlich wird, dass an erster Stelle im Leben eines Menschen nicht die tägliche Sorge und wirtschaftliche Angst stehen muss, sondern das Trachten nach dem Reich Gottes – und dann wird einem alles Notwendige zufallen. Hier in diesen Texten bedeutete Unterweisung sanfte Anregung, sanfte Wegweisung.

Ich will Dich mit meinen Augen leiten.

Normalerweise wird man durch Befehle im Leben geleitet oder durch körperliche Hinweise, wenn man an der Hand genommen wird. Um wie viel vertrauter und intimer, fast zärtlich, ist da dieses mit den Augen geleitet zu werden? Wenn jemand uns böse anschaut und damit vielleicht zu verstehen gibt, dass wir uns nicht so verhalten haben, wie es seiner Meinung nach vielleicht richtig gewesen wäre, dann wird uns die Leitung durch diese bösen Augen nur mit Furcht und Angst erfüllen. Aber Gottes Augen schauen nicht böse. Vielleicht schauen sie manchmal traurig, wenn wir nicht auf dem Weg gehen, den er für den richtigen und guten für unser Leben hält. Aber Gottes Augen schauen doch grundsätzlich immer liebevoll. Gottes Augen schauen auf den Menschen, den er liebt und angenommen hat.

Gottes Augen sind Augen der Liebe, der Barmherzigkeit und auch des Mitleids. Da kommen keine Funken heraus, keine scharfen Befehle und keine Peitsche, die uns antreiben will. Gottes Augen blicken tief bis auf den Grund unseres Herzens. Diesen Augen bleibt in uns nichts verborgen. Keine Schuld, kein Zweifel, keine Trauer und keine Freude. Gott sieht uns, wie wir wirklich sind. Diesen Augen kann man nichts vormachen.

Und da Gott weiß, wie unser Leben verlaufen wird, sieht er auch, wo uns unsere selbst gewählten Träume und Sehnsüchte hinführen könnten. Ob sie nun zu mir passen oder auch nicht, ob sie gut für mich wären oder nicht – ich kann darauf vertrauen, dass Gott diesbezüglich weiser ist als ich. Wir müssen, wir können das nicht allein entscheiden. Gott nimmt uns das ab. Das bedeutet auch eine Entlastung für uns.

Vielleicht wäre das große rote Backsteinpfarrhaus bald enorm renovierungsbedürftig geworden. Vielleicht hätte man des wuchernden verwilderten Pfarrgartens nicht mehr Herr werden können. Vielleicht wäre der kleine Bach in dem idyllischen Dorf bald zu einem reißenden Fluss angestiegen. Wer weiß das schon?

Und so leitet Gott uns mit seinen Augen sanft auf dem Weg im Leben, der zu uns passt, der für uns der richtige ist und auf dem wir zu einem Segen für andere werden können. Und das sind oft Wege, die wir uns zuvor niemals erträumt, erhofft oder erdacht haben. Manchmal sind es leichte Wege, voller Freude. Manchmal sind es aber auch schwere Wege, gesät mit Leid und unserem Unverständnis darüber, wie Gott so etwas zulassen kann.

Vielleicht steht es nicht explizit in diesen Worten von Psalm 32,8. Aber letztlich rufen sie dazu auf, Gottes Augen zu suchen und seinem Blick standzuhalten. Sie rufen dazu auf, auf Gottes gute Weisung zu vertrauen und nach dem Weg zu schauen, den er für uns ausgesucht hat und auch immer wieder auf ihn zurück zu kommen, wenn wir falsch gelaufen sind – ob wir Gottes Weg nun als leicht oder als schwer empfinden. Gott ist immer bei uns und schaut mit seinen Augen auf uns.

Deshalb lasst uns beten:

Herr, wir bitten Dich - unterweise Du uns. Zeige Du uns den Weg, den wir gehen sollen und leite uns mit Deinen Augen.

Amen.

Der höchste Feiertag oder nur das Vorgeschehen? - Jes 53,1-12: Karfreitagsgottesdienst am 21. März 2008

Aber wer glaubt dem, was uns verkündet wurde, und wem ist der Arm des HERRN offenbart? Er schoss auf vor ihm wie ein Reis und wie eine Wurzel aus dürrem Erdreich. Er hatte keine Gestalt und Hoheit. Wir sahen ihn, aber da war keine Gestalt, die uns gefallen hätte. Er war der Allerverachtetste und Unwerteste, voller Schmerzen und Krankheit. Er war so verachtet, dass man das Angesicht vor ihm verbarg; darum haben wir ihn für nichts geachtet. Fürwahr, er trug unsre Krankheit und lud auf sich unsre Schmerzen. Wir aber hielten ihn für den, der geplagt und von Gott geschlagen und gemartert wäre. Aber er ist um unsrer Missetat willen verwundet und um unsrer Sünde willen zerschlagen. Die Strafe liegt auf ihm, auf dass wir Frieden hätten, und durch seine Wunden sind wir geheilt. Wir gingen alle in die Irre wie Schafe, ein jeder sah auf seinen Weg. Aber der HERR warf unser aller Sünde auf ihn. Als er gemartert ward, litt er doch willig und tat seinen Mund nicht auf wie ein Lamm, das zur Schlachtbank geführt wird; und wie ein Schaf, das verstummt vor seinem Scherer, tat er seinen Mund nicht auf. Er ist aus Angst und Gericht hinweggenommen. Wer aber kann sein Geschick ermessen? Denn er ist aus dem Lande der Lebendigen weggerissen, da er für die Missetat meines Volks geplagt war. Und man gab ihm sein Grab bei Gottlosen und bei Übeltätern, als er gestorben war, wiewohl er niemand Unrecht getan hat und kein Betrug in seinem Munde gewesen ist. So wollte ihn der HERR zerschlagen mit Krankheit. Wenn er sein Leben zum Schuldopfer gegeben hat, wird er Nachkommen haben und in die Länge leben, und des HERRN Plan wird durch seine Hand gelingen. Weil seine Seele sich abgemüht hat, wird er das Licht schauen und die Fülle haben. Und durch seine Erkenntnis wird er, mein Knecht, der Gerechte, den Vielen Gerechtigkeit schaffen; denn er trägt ihre Sünden. Darum will ich ihm die Vielen zur Beute geben und er soll die Starken zum Raube haben, dafür dass er sein Leben in den Tod gegeben hat und den Übeltätern gleichgerechnet ist und er die Sünde der Vielen getragen hat und für die Übeltäter gebeten.

Liebe Gemeinde,

ich erlebe es in Österreich in Gesprächen immer wieder, dass man annimmt, der Karfreitag sei der höchste Feiertag für uns evangelische Christinnen und Christen. Es hat einige Zeit gedauert, dass ich mich als Deutsche, die in Österreich lebt und arbeitet, daran gewöhnt habe, dass der Karfreitag bei uns hier in Österreich kein offizieller Feiertag ist – also, wo die Geschäfte geschlossen sind und die Menschen nicht zur Arbeit gehen müssen. Denn so ist es zumindest dort, wo ich herkomme.

Nun, natürlich ist der Karfreitag aber ein Feiertag für die evangelischen Christinnen und Christen hier im Land. Man darf sich an diesem Tag frei nehmen – und wenn es der Arbeitgeber einem nicht glauben sollte, dass man evangelisch ist, dann muss man sich eben vorher eine so genannte „Karfreitagsbestätigung" ausstellen lassen, wie wir es in den letzten zwei Wochen des öfteren in unserem Büro hier in der Gemeinde erlebt haben.

Ja, vielleicht kommt von diesem Feiertag, der für uns Evangelische hier im Lande allein gilt, auch der Glaube, Karfreitag wäre der höchste Feiertag für uns. Dabei ist die Bedeutung des Geschehens an diesem Tag für Katholikinnen und Katholiken und Christinnen und Christen anderer Konfessionen mindestens genauso wichtig wie für uns Evangelische!

Was mich an diesem Unglauben, Karfreitag sei der höchste Feiertag, auch immer so sehr stört, ist dieser Gedanke des Feierns dieses Tages. Wie kann man den Tod eines Menschen feiern? Wir haben doch auch nicht am vergangenen 12. März den Anschluss Österreichs an Hitler-Deutschland gefeiert, sondern wir haben vielmehr dieses Tages vor 70 Jahren und seiner Auswirkungen gedacht.

Also – den Tod Jesu und all sein bitteres Leiden, seine Gequältheit, seine Schmerzen, seine Erniedrigung feiern? Nein, niemals!

Und dennoch – gedenken! Karfreitag ist ein Tag des Gedenkens all dessen, was Jesus in den Tagen, Stunden und Minuten vor seinem Tod hat miterleben müssen. Hat erleiden müssen. Unser christlicher Glaube geht fest davon aus, dass die Ereignisse um den Tod Jesu wirklich wahr sind. Wirklich so geschehen sind. Dass Gottes Sohn gequält wurde, geschlagen, erniedrigt, ausgelacht, angespuckt, misshandelt.

Vor einigen Jahren sorgte der Hollywoodfilm „The Passion of Christ“ von Mel Gibson für große Aufregung. Darin wurde schonungslos der Weg Jesu ans Kreuz nachgezeichnet. Schonungslos, weil Blut spritzte, weil Haut aufplatzte und weil die Misshandlung eines Menschen, des Menschen und Gottessohnes Jesus Christus in ihrer vollen Brutalität dargestellt wurde.

Dieser Film entfachte wilde Diskussionen im christlichen Bereich. Für viele war er einfach nur eine indiskutable Gewaltorgie. Andere wollten ihn gar evangelistisch nutzen und Menschen damit für den Glauben an Gott gewinnen. Wieder andere sahen darin ein katholisches Machwerk, weil sich die eine oder andere katholische Legende hineingeschlichen hatte, die nun wirklich nicht in der biblischen Passionsgeschichte zu finden ist.

Ich habe versucht, mir diesen Film von einem etwas neutraleren Fleck aus anzuschauen. Mir wurde durch diesen Film klar, wie furchtbar das Leiden Jesu gewesen sein muss. Wie schrecklich und abscheulich es damals zugegangen sein muss. So unfassbar grausam, so unvorstellbar brutal.

Bilder, Szenen, bei denen man sich nur angewidert wegdrehen kann. Angewidert von der Brutalität der römischen Soldaten und der Verlogenheit des damaligen hohen Rates, der damaligen Hohepriester und Teilen des jüdischen Volkes, die Jesu Kreuzigung verlangen – obwohl klar ist, dass ihn keine Schuld trifft. Angewidert von dem blutenden, zerschlagenen Menschen, an dem nichts mehr dem schönen jungen Mann ähnelt, der zu Beginn des Filmes lachend und voller Tatendrang und Freude Tisch und Stuhl für seine Mutter Maria zimmert. Abgestoßen von dem Gedanken, dass dieser Mensch an ein Stück Holz genagelt wird, dass er zuerst selbst unter Schmerzen durch die Gassen der Stadt tragen musste und darunter zusammenbrach.

War dieses Holz, an das Jesus genagelt wurde so wie diese Hölzer, die ich Ihnen heute mitgebracht habe? War es rau, gebrochen, mit abgeplatzter Rinde und scharfen Spitzen? Vermodert, ausgetrocknet, irgendwo liegengelassen und vergessen? Oder war das Kreuz auf Jesu Schultern mit einer feinen Maserung, glatt geschliffen und ohne Splitter, die man sich einziehen könnte, wenn man mit der Hand darüber fährt? Niemand von uns möchte solch ein Kreuz tragen müssen, niemand von uns möchte an solch einem Kreuz hängen müssen.

„Er war der Allerverachtetste und Unwerteste, voller Schmerzen und Krankheit. Er war so verachtet, dass man das Angesicht vor ihm verbarg; darum haben wir ihn für nichts geachtet." – so steht es in unserem Predigttext vom Propheten Jesaja. Diese Worte über den Gottesknecht, die von uns Christinnen und Christen heute auf Jesus hin gedeutet werden, sie erscheinen real vor dem Auge bei dem, was Mel Gibsons Film über Jesu Leiden zeigt.

Und ebenso schonungslos halten uns die Geschehnisse um den Tod Jesu einen Spiegel vor Augen. Sie zeigen uns die Welt, wie sie ist. In dieser Welt hat ein Heiliger keinen Platz. Er sorgt nur für Probleme. Auch Jesaja erkennt das genau: „Fürwahr, er trug unsre Krankheit und lud auf sich unsre Schmerzen. Wir aber hielten ihn für den, der geplagt und von Gott geschlagen und gemartert wäre. Aber er ist um unsrer Missetat willen verwundet und um unsrer Sünde willen zerschlagen.“

Immer wieder taucht das Mißverständnis auf, Gott habe den furchtbaren Tod seines Sohnes in allen Einzelheiten so gewollt. Nein, was wäre das für ein Gott?! Wie könnten wir an diesen Gott noch glauben? Wir glaubten, dass Gott Jesus geplagt, geschlagen und gemartert hätte. Wir glaubten das. – Aber es ist nicht so. Nein, an der Gestalt Jesu und seinem Leiden zeigte sich all unsere Krankheit, zeigen sich all die Schmerzen unserer Gesellschaft. Damals sah es so aus, wie Mel Gibson es vielleicht nachzeichnet – und heute, würde es heute nicht genauso grausam aussehen? Und würden wir uns nicht genauso angewidert wegdrehen?

„Aber er ist um unsrer Missetat willen verwundet und um unsrer Sünde willen zerschlagen.“ Es ist unser Fehlverhalten gewesen, was Jesus in diese furchtbare Lage gebracht hat. Und jetzt wird sich wohl jeder und jede von uns fragen – wieso ich? Ich habe doch gar nichts mit dem Sterben Jesus zu tun? Doch – wir haben etwas damit zu tun! Denn all das, was zu der Verurteilung Jesu und dann schließlich zu seinem Tod geführt hat – dazu sind auch wir in den tiefsten Abgründen unseres Lebens fähig. Auch, wenn wir uns das nicht eingestehen wollen und können. Auch, wenn wir das oft gar nicht sehen, gar nicht bemerken.

Das ist der Spiegel, der uns durch die Passion Jesu und sein Sterben vorgehalten wird. Schreien wir nicht auch manchmal nach einem Sündenbock in unserem Leben, wenn etwas nicht so läuft, wie wir es gern hätten? Machen wir dann nicht auch manchmal gern andere dafür verantwortlich und lassen sie über die Klinge springen, obwohl sie unschuldig sind? Schlagen wir uns nicht auch gern auf die Seite der großen Menge und stimmen ein in ihr Geschrei, das über einen Unschuldigen oder einen Einsamen und Schwachen ohne Lobby ein Urteil fällt? Hassen wir nicht auch diejenigen, die uns mit einer unangenehmen Wahrheit in unserem Leben konfrontieren und unsere heile Welt zu zerstören drohen, indem sie den Finger auf die Wunde legen, die wir so mühevoll zu verbergen suchen? Wer hält das schon gerne aus, wenn ihm jemand in die Suppe spuckt!

Wie schrecklich und wie furchtbar ist diese Erkenntnis am Karfreitag! An diesem Tag, der uns in die tiefsten Abgründe menschlichen Verhaltens führt. Der uns hinabstößt in eine Tiefe mit dem Gefühl, dass uns nichts mehr halten kann bei diesem Fallen.

Und dennoch – so furchtbar all dieses Geschehen am Karfreitag ist – dieser Abstieg ist nicht nur ein Abstieg in die Hölle, er ist auch der erste Schritt in den Himmel. Er ist der erste Schritt in das Paradies. Auch, wenn das heute noch nicht und nur sehr schwer spürbar ist. Denn das Geschehen auf Golgatha endet nicht mit Jesu Tod. Es endet nicht mit einem Blick in den Spiegel, der nur Abgründe zeigt. Dieser Blick hinein weist auch hinaus aus dem Elend Jesu und damit aus dem Elend unserer Welt.

Das Kreuz zeigt auch, dass unser Gott kein Gott ist, der willig den Tod eines Menschen in Kauf nimmt. Nein, es zeigt vielmehr, dass es dieser liebende Gott ernst meint mit seiner Liebe. Er lässt seinen geschundenen und zerschlagenen Sohn nicht allein. Er wendet sich ihm wieder zu. Er wendet sich dem Leidenden wieder zu. Gott holt ihn von den Toten zu den Lebendigen. Das ist das Herausragende an unserem christlichen Glauben.

Unser Gott ist kein Gott, bei dem es um heroenhaftes, heldenhaftes Auftreten geht. Der nur gefeiert und in die Höhe gehalten werden will. Nein, unser Gott macht sich klein, er kommt in das Geringe unseres menschlichen Lebens. Und sein Sohn durchleidet all den Hass, die Zerwürfnisse und verfahrenen Momente unseres Daseins in dieser Welt. Aber er bleibt nicht darin stehen. Am Kreuz trägt er bereits den Sieg über den Tod und die Hoffnung auf die Auferstehung in sich. Deswegen ist Karfreitag auch nicht der höchste unserer Feiertage. Er ist nur das Vorgeschehen, das hinweist auf Gottes Sieg über den Tod. Heute noch die Grabesruhe – und schon übermorgen der Jubel über das Leben.

Und der Friede Gottes, welcher höher ist als alle Vernunft, bewahre eure Herzen und Sinne in Christus Jesus.

Amen.

Warum muss er es tun? - 1Kor 9,16-23:

Predigttextauslegung in SAAT 8/2008, 25. Mai 2008

Denn dass ich das Evangelium predige, dessen darf ich mich nicht rühmen; denn ich muß es tun. Und wehe mir, wenn ich das Evangelium nicht predigte! Täte ich's aus eigenem Willen, so erhielte ich Lohn. Tue ich's aber nicht aus eigenem Willen, so ist mir doch das Amt anvertraut. Was ist denn nun mein Lohn? Daß ich das Evangelium predige ohne Entgelt und von meinem Recht am Evangelium nicht Gebrauch mache. Denn obwohl ich frei bin von jedermann, habe ich doch mich selbst jedermann zum Knecht gemacht, damit ich möglichst viele gewinne. Den Juden bin ich wie ein Jude geworden, damit ich die Juden gewinne. Denen, die unter dem Gesetz sind, bin ich wie einer unter dem Gesetz geworden - obwohl ich selbst nicht unter dem Gesetz bin -, damit ich die, die unter dem Gesetz sind, gewinne. Denen, die ohne Gesetz sind, bin ich wie einer ohne Gesetz geworden - obwohl ich doch nicht ohne Gesetz bin vor Gott, sondern bin in dem Gesetz Christi -, damit ich die, die ohne Gesetz sind, gewinne. Den Schwachen bin ich ein Schwacher geworden, damit ich die Schwachen gewinne. Ich bin allen alles geworden, damit ich auf alle Weise einige rette. Alles aber tue ich um des Evangeliums willen, um an ihm teilzuhaben.

„I´m just doing my job. And I´m doing my job for Christ." Diese Worte eines amerikanischen Evangelisten über seine Arbeit als Prediger kommen mir auf Anhieb in den Sinn, wenn ich von Paulus lese: „Denn dass ich das Evangelium predige, dessen darf ich mich nicht rühmen; denn ich muß es tun." Warum „muss" er es tun? Was treibt ihn, das Evangelium zu predigen?

Am zweiten Sonntag nach Trinitatis und so nur zwei Wochen nach dem Pfingstfest fällt die Antwort nicht schwer. Es ist Gottes Geist, der Paulus treibt, die befreiende Botschaft des Evangeliums weiter zu geben. Und es ist nicht minder die Begegnung mit dem auferstandenen Christus auf dem Weg nach Damaskus. Diese Begegnung lässt aus dem ChristInnenverfolger Saulus den Christusanhänger Paulus werden. Danach kann Paulus einfach nicht mehr über die Botschaft Christi schweigen. Seine Bekehrung durch Christus hat aus ihm einen neuen Menschen gemacht. Er muss es also tun, er muss das Evangelium predigen. Auch andere müssen davon erfahren, auch das ist Teilhabe am Reich Gottes.

Paulus weiß, dass er es mit unterschiedlichen ZuhörerInnen zu tun hat. Schon der Apostel hat vor 2000 Jahren also begriffen, dass das Evangelium zwar das selbe bleibt, aber unterschiedliche HörerInnen unterschiedlich damit angesprochen werden müssen. Sonst kann die Botschaft sie in ihrer Lebenssituation nicht erreichen. Und so begibt sich Paulus mit seiner Evangeliumspredigt jeweils in den Lebensbereich seiner einzelnen ZuhörerInnen hinein und ordnet sich diesem Lebensbereich unter, um die zu erreichen, die seiner Botschaft lauschen. Er wird ihr Knecht, um sie zu gewinnen. Und er ist doch frei, denn sein Apostelamt und die Notwendigkeit seiner Evangeliumspredigt – diese Dinge kommen nicht aus eigenem Antrieb und zu seinem eigenen Nutzen. Sie sind ihm von Christus anvertraut worden. Unter dessen Gesetz steht der Apostel. Durch Paulus wirkt Christus unter den Menschen. Und diese Beauftragung durch den Sohn Gottes lässt Paulus allen Untertan sein und stattet ihn gleichzeitig mit einer Freiheit und Unabhängigkeit von allem aus. Denn sein Herr, frei von allen Bindungen in dieser Welt, ist Jesus Christus.

Ich bin ich - Ps 139,1-10.14a.16.23:

KonfirmandInnengottesdienst am 21. September 2008

Von CD: Rosenstolz, Ich bin ich...

Liebe Gemeinde!

Ich möchte heute einmal nicht mit einem Predigttext meine Predigt beginnen, sondern auf das Lied, das ich Ihnen eben vorgespielt habe, erst einmal Bezug nehmen.

Ich habe dieses Lied von Rosenstolz für diesen Gottesdienst ausgewählt, weil es von seinem Text her für mich viele Assoziationen in sich birgt, wie man sich vielleicht als Konfi mit 12, 13 oder 14 Jahren fühlen kann und wie man sich auch als Mensch unter vielen anderen Menschen manchmal fühlt.

Vielleicht geht es uns auch manchmal so, dass wir uns wie die Sängerin von Rosenstolz fragen:

Gehör ich hier denn noch dazu oder bin ich längst schon draußen?

Verlieren wir nicht manchmal ein wenig den Überblick in dieser Welt? In den Gruppen, in denen wir uns aufhalten? Das kann in der Schule sein, wenn ich mit meinen Klassenkameraden nicht zurechtkomme. Das kann unter Menschen sein, bei denen ich merke – die mögen mich nicht. Oder: die sind so ganz anders als ich. Hier gehöre ich nicht hin!

Solche Erfahrungen und Erlebnisse machen uns manchmal ratlos, vielleicht sogar hilflos – wenn wir nicht wissen, wie wir mit solchen Situationen umgehen sollen.

Rosenstolz nimmt diesen Gedanken, wie ich finde, ganz passend auf: „Bin doch gestern erst geborn' und seit kurzem kann ich gehen.“ In manchen Situationen wie denen, in denen ich Ablehnung spüre oder gar nicht weiß, was um mich herum gerade geschieht, da fühle ich mich klein und denke: jetzt bricht die Welt über mir zusammen. Ich habe doch gerade erst gelernt, mich in dieser verrückten Welt zurechtzufinden! Und wie soll ich nun damit umgehen, wenn mich jemand ablehnt? Wie soll ich mich zurechtfinden, wenn zuviel auf mich einströmt?

Für Euch Konfis sind das vielleicht manchmal die ganzen Anforderungen der Lehrerinnen und Lehrer. Für den einen sollt Ihr Englisch und Mathe lernen. Die andere will von Euch, dass Ihr in Chemie und Französisch gut bei der nächsten Arbeit abschneidet. Und dann nervt Euch noch die Lehrerin in Geschichte oder Ihr seid vielleicht in einer furchtbar lauten Klasse, in der Ihr Euch kaum konzentrieren könnt.

Oder die Freunde machen Stress, weil man vielleicht mal vergessen hat, sie anzurufen oder gerade mal eher was im Haushalt daheim tun muss, als zusammen mit ihnen irgendwo eine tolle Zeit zu haben. Und nicht zu vergessen – die lieben Eltern, die auch manchmal ganz schön nerven können. Tu dies nicht, tu das nicht. Zieh dieses nicht an, zieh jenes nicht an. Nein, triff Dich nicht mit diesem oder jenem – das ist der falsche Umgang für Dich. Und was man sich nicht alles manchmal anhören muss! Ich denke, auch bei Euch ist das nicht anders als zu meiner Jugendzeit!

Und dann fühlt sich das Leben an wie eine Textzeile von Rosenstolz: Hab mein Gleichgewicht verlorn'. Es zieht einem den Boden unter den Füssen weg. Man strauchelt und weiß nicht mehr, wo oben oder unten ist, wenn alle Welt an einem herumzerrt.

Immer wieder träume ich eine bestimmte Art von Traum. Manchmal ist es einmal im halben Jahr, manchmal auch mehrmals hintereinander. Es ist ein Traum, bei dem ich meist morgens schweißgebadet aufwache. Es ist ein Traum, der von Prüfungssituationen in meinem Leben handelt - Prüfungssituationen bei der Matura, beim Examen oder bei den Amtsprüfungen zum Schluss meiner Berufsausbildung. Ich träume z.B., dass ich meine Examensklausur im Neuen Testament schreiben muss. Und 30 Minuten vor dem Abgabetermin bemerke ich, dass ich vergessen habe, den griechischen Text zu übersetzen, auf den ich mich doch eigentlich in meiner Klausur hätte beziehen müssen. Mich überkommt richtig Panik. Was wäre, wenn ich diese Klausur nicht bestehen würde? Wie würde da mein Leben weitergehen? Prüfungsangst kann eine schlimme Sache sein!

Wenn ich aufwache, stelle ich meist fest – hei, es ist gar nicht so schlimm! Zum einen habe ich meine Klausur im Neuen Testament schon vor fünf Jahren geschrieben – und war damals bei dieser Prüfung mal die beste in meinem Kurs (bei den anderen Prüfungen sah das nicht ganz so aus!). Und zum anderen – inzwischen bin ich gelassener geworden, was solche Ängste betrifft. Wenn etwas schief geht, dann probieren wir es einfach noch einmal! Denn auch Rosenstolz sagt auf „Hab mein Gleichgewicht verlorn'“ – „doch kann trotzdem g'rade stehn!“

Die Zeilen, die mir aus dem Lied von Rosenstolz am besten gefallen, sind eindeutig die Zeilen des Refrains:

Das bin ich, das bin ich; das allein ist meine Schuld.

Immer, wenn ich dieses Lied höre und mir dann auch den Refrain durch den Kopf gehen lasse, denke ich immer sofort an Gott, der mich als Menschen bedingungslos annimmt. Ich denke an Gottes bedingungslose Liebe – an Gott, der mich einfach so akzeptiert und annimmt, wie ich bin.

Denn so zu sein, wie ich bin, mit all dem Guten und auch dem Negativen an mir – das allein ist meine Schuld. Das allein ist es, was ich mitbringe und was ich vor Gottes Angesicht bringen kann.

Und wenn Rosenstolz singt:

Ich muss mich jetzt nicht finden; darf mich nur nicht verliern -

dann erinnere ich mich immer daran, dass ich nichts tun muss, um von Gott geliebt zu werden. Natürlich, ich muss nur an ihn glauben – aber ich muss mich nicht erst verbiegen, damit er auf mich schaut. Ich darf mich nicht verliern; ich muss ich sein, denn Gott möchte im Kontakt mit mir einen Menschen vor sich haben – den Menschen, der ich bin.

Liebe Konfis, ich wünsche Euch, dass Ihr Euch in diesem Jahr bei unserer gemeinsamen Zeit niemals fragen müsst:

Gehör ich hier denn noch dazu? Oder bin ich längst schon draussen?

Vielleicht fühlt Ihr Euch manchmal bei all dem, mit dem Ihr konfrontiert werdet noch recht jung, gerade wie „Bin doch gestern erst geborn' und seit kurzem kann ich gehen". Und wenn dann manchmal zuviel auf Euch einströmt und Ihr vielleicht sagen müsst: „Hab mein Gleichgewicht verlorn'", dann wünsch´ ich Euch, dass Euch auch der Konfiunterricht ein bisschen das Gefühl vermitteln kann: „Doch kann trotzdem g'rade stehn."

Im Konfiunterricht dürft Ihr Ihr selbst sein. Das allein ist notwendig. Ihr müsst Euch bei uns nicht definitiv finden, aber Ihr könnt auch bei uns ein Stück herausfinden, wer Ihr seid - wenn Ihr es wollt. Und auf keinen Fall sollt Ihr Euch bei uns verliern, sondern immer das Gefühl haben: Ihr seid willkommen. Es ist okay, wie Ihr seid. Denn für Euch und für uns alle gelten die Worte über die Beziehung zwischen dem Menschen und Gott, wie wir sie in Psalm 139 hören können:

HERR, du erforschst mich und kennst mich. Ich sitze oder stehe auf, so weißt du es; du verstehst meine Gedanken von ferne. Ich gehe oder liege, so bist du um mich und siehst alle meine Wege. Denn siehe, es ist kein Wort auf meiner Zunge, das du, HERR, nicht schon wüsstest. Von allen Seiten umgibst du mich und hältst deine Hand über mir. Diese Erkenntnis ist mir zu wunderbar und zu hoch, ich kann sie nicht begreifen. Wohin soll ich gehen vor deinem Geist, und wohin soll ich fliehen vor deinem Angesicht? Führe ich gen Himmel, so bist du da; bettete ich mich bei den Toten, siehe, so bist du auch da. Nähme ich Flügel der Morgenröte und bliebe am äußersten Meer, so würde auch dort deine Hand mich führen und deine Rechte mich halten. Ich danke dir dafür, daß ich wunderbar gemacht bin. Deine Augen sahen mich, als ich noch nicht bereitet war, und alle Tage waren in dein Buch geschrieben, die noch werden sollten und von denen keiner da war. Erforsche mich, Gott, und erkenne mein Herz; prüfe mich und erkenne, wie ich's meine.

Amen.

Von CD: Rosenstolz, Ich bin ich...

Servicestelle Kirche:

Evangelisches Wort in Radio Ö1 am 26. April 2009

Meine Pfarrgemeinde gehört in Wien zu den wenigen evangelischen Pfarrgemeinden, die auch selbst den Kirchenbeitrag einheben. Da erlebt man Positives, wenn Gemeindeglieder ohne Diskussion ihren Kirchenbeitrag in Höhe ihrer Vorschreibung zahlen. Oder auch sonst sehr gern spenden. Und man erlebt eben auch Negatives, wenn über Kleinigkeiten wie 3,50€ gestritten wird.

Hin und wieder kommt es dann auch vor, dass einige wenige Kirchenbeitragszahler und –zahlerinnen mit uns eine Diskussion anfangen. Wozu sollen sie diesen Kirchenbeitrag denn überhaupt zahlen? „Was bietet ihnen denn die Kirche?" In schöner Regelmäßigkeit erzählt unsere Sekretärin dann, was die Kirche alles „leistet" – von diakonischen Einrichtungen, evangelischen Schulen, Krankenhausseelsorge bis hin zu Gottesdiensten, Jugendarbeit, Arbeit mit Kindern, Erwachsenenbildung usw. Jedes mal, wenn ich mitbekomme, dass unsere Sekretärin diesen „Leistungskatalog" aufzählt, bekomme ich Schluckauf. Manchmal muss ich die in mir aufsteigende Wut sogar mühsam unterdrücken. Und ich muss mich zurückhalten, solchen Menschen nicht zu raten, lieber gleich aus der Kirche auszutreten - wenn ihnen das eh alles nichts wert ist, was in unseren Pfarrgemeinden läuft und von unserer Gesamtkirche angeboten wird.

Aber dann bemerke ich auch oft – dieser Gedanke „Servicestelle Kirche" hat auch Seiten an sich, über die nachzudenken ist. Vielleicht kann man nicht sagen, „er hat auch sein Positives", aber zumindest sein „Bedenkenswertes". Wenn ich auf unsere Gemeindearbeit schaue, dann gibt es da durchaus bestimmte Bereiche, die man als „Service" bezeichnen könnte. Wir können in bestimmten Lebenssituationen Menschen etwas anbieten, was sie woanders oder aus sich selbst heraus vielleicht nicht oder nicht ohne weiteres finden können.

Ganz besonders fällt mir dazu der Bereich einer Beerdigung ein. Pfarrerinnen und Pfarrer geben in den Gesprächen vor einer Beerdigung die Möglichkeit, über die Trauer zu reden, die der Tod eines Menschen auslöst. In solchen Gesprächen ist auch Raum dafür, all das auszusprechen, was das Leben der oder des Verstorbenen ausgemacht hat – das, was positiv war und auch das, was beschwerlich war. Als Geistliche können wir zur Seite stehen, Hilfe in der Verarbeitung des Todes anbieten und Trost zusprechen durch die Hoffnung, die uns als Christinnen und Christen zueigen ist. Die Hoffnung auf den Gott, der seinen Sohn Jesus Christus von den Toten auferweckt hat. Bei der Beerdigung selbst können wir durch die Psalmen aus dem Alten Testament der Trauer eine Sprache und vielleicht auch dem Zorn über den Tod einen Ausdruck geben. Gebete, die wir formulieren, können den Trauernden Stützen sein zu einem Zeitpunkt, in dem sie vielleicht selbst keine Sprache mehr haben oder wie betäubt von der Ohnmacht angesichts des Todes ihren Gefühlen keine Worte mehr verleihen können. In dieser Situation kann man sich fallenlassen in das, was der christliche Glaube und seine Vertreterinnen und Vertreter bieten – Sprache, Gedanken, die Vermittlung von Hoffnung, Zuversicht und Trost, die alten und wohlbekannten Geschichten und Verse aus der Bibel.

Aber trotzdem tue ich mir schwer mit dem Gedanken, das als „Service“ anzusehen. Für mich ist es vielmehr „Begleitung“ und „Hilfestellung“ und ganz besonders „Weitergabe von Glaube“. Als Pfarrerin kann ich das geben und vermitteln, was mich auch als Christin im Tiefsten meines Herzens bewegt – der Glaube an den Gott, der sein Volk Israel aus der Gefangenschaft ins gelobte Land führt. An den Gott, der aus lauter Liebe zu den Menschen seinen eigenen Sohn in diese mörderische Welt hinein gibt – und er stirbt. Der ihn aber auch wieder auferweckt und ihn damit ein für allemal die böse Grenze des Todes überwinden lässt. Davon kann ich reden, davon kann ich erzählen. Dadurch kann ich Mut zusprechen, Trost spenden, Hoffnung geben – oder auch Orientierung und Kenntnis. Und das muss ich auch tun – ich bin schließlich Pfarrerin. Unabhängig von diesem Beruf und meiner Arbeitsstelle sollte ich das auch als Christin tun.

Aber ist das „Service“? Im Alltag hilft dieser Gedanke manchmal, sich als Pfarrerin als Dienstleisterin zu verstehen. Er hilft zum Beispiel dann, wenn man von den Eltern eines Täuflings in einem Taufgespräch wieder einmal als Motivation für die Taufe nur allein hört: „Weil es eben dazu gehört und in der Familie so üblich ist.“ In solchen Momenten wünsche ich mir dann sehr, ich würde etwas hören vielleicht wie: „Wir möchten unser Kind taufen lassen, weil wir an diesen Gott glauben, der uns Menschen erschaffen hat. Dieser Gott, der uns durch seinen Sohn Jesus Christus befreit von aller Schuld und uns ein Leben schenkt in Freiheit – in Freiheit, selbst vom Tod.“ Solche Worte würden eine Taufe nicht in den Geruch einer Dienstleistung und einer Inanspruchnahme eines Services geraten lassen. Solche Worte wären vielmehr christlicher Glaube, der aus dem Herzen kommt.

Ewigkeitssonntag:

Evangelisches Wort in Radio Ö1 am 22. November 2009

Der heutige Sonntag, der letzte Sonntag des Kirchenjahres, wird in evangelischen Pfarrgemeinden als „Ewigkeitssonntag“ begangen oder auch als „Totensonntag“ bezeichnet. Heute gedenken wir der Menschen, die in den vergangenen zwölf Monaten von uns gegangen sind. In unseren Gottesdiensten werden an diesem Tag ihre Namen nacheinander verlesen. Anschließend wird ein Gebet gesprochen oder ein Lied gesungen. Ein Gebet oder ein Lied, das den Gedanken aufnimmt, dass unser Leben auf dieser Erde ein vergängliches ist. Auch die Hoffnung soll darin zum Ausdruck kommen, dass wir nach unserem Tod auf ein ewiges Leben bei Gott vertrauen dürfen.

Auf den Friedhöfen, auf denen ich als Pfarrerin Verstorbene beerdige, gibt es viele Gräber und Urnen. In ihnen finden verstorbene Menschen ihre letzte Wohnung. Aber diese Gräber und Urnen – das sind nur die letzten Wohnungen für uns auf dieser Welt. Wenn ich darüber nachdenke, wie das Leben im Himmel bei Gott nach meinem Tod ausschauen kann, dann stelle ich es mir auch ein Stück weit wie das Leben in einem großen Haus vor. Ein großes Haus, das Gott gehört, und in dem es viele Wohnungen gibt. Gott lädt mich ein, in diesem Haus zu wohnen – nach meinem Tod. Ich bin dorthin eingeladen – aber nicht als Gast, um nur für ein paar Tage auf Besuch zu kommen und dann wieder zu gehen. Sondern ich stelle mir vor, dass Gott mich dorthin einlädt, um ewig, in Frieden, Ruhe und Geborgenheit dort bei ihm wohnen zu können.

Die Einladung dafür, die spricht Gott schon aus, wenn ich noch lebe. Durch seinen Sohn Jesus Christus erhalte ich diese Einladung, wenn Jesus sagt: „Ich bin die Auferstehung und das Leben. Wer mich annimmt, wird leben, auch wenn er stirbt, und wer lebt und sich auf mich verlässt, wird niemals sterben.“ Diese Worte von Jesus klingen für unsere Ohren heute vielleicht vollkommen unverständlich. Wie soll denn der leben, der stirbt? Wie soll denn der nie sterben, der lebt?

Jedes Mal halte ich mir den Widerspruch dieser Worte Jesu vor Augen, wenn ich Hinterbliebene beim Tod eines geliebten Menschen begleite. Ich weiß ja selbst auch, dass jede und jeder von uns einmal sterben wird, einmal sterben muss. Und doch kann ich als Christin und als Pfarrerin auch Hoffnung und Trost an einem offenen Grab mitgeben. Denn ich vertraue ganz fest darauf, dass Gott diese Trauer sieht. Diese Trauer, die Menschen aushalten müssen, wenn ein geliebter Mensch sie verlässt und stirbt. Deshalb hat Gott seinen Sohn Jesus Christus auch in diese Welt zu uns Menschen geschickt. Als Jesus starb, war mit seinem Tod aber sein Leben nicht zu Ende. Er ist vom Tod auferstanden, sein Grab war leer am nächsten Tag. Er ist aufgebrochen in den Himmel – zu einem neuen Leben, einem ewigen Leben mit Gott, seinem Vater. Sein Leben ist nur in dieser Welt zu Ende gegangen. Und diese Auferstehung Jesu hinein in ein neues und ein ewiges Leben – das schenkt Gott auch uns. Weil wir getauft sind, gehören wir zu ihm. Dadurch bekommen wir auch Anteil an dem, was mit Jesus bei der Auferstehung geschehen ist.

Ich stelle mir weiter vor, dass in diesem Haus Gottes in der Ewigkeit auch einmal all die Menschen nach ihrem Tod leben werden, die ich gern gehabt habe, mit denen ich ein Stück meines Lebensweges gegangen bin und die ich dann dort wieder sehen darf. Gott hält in seinem Haus mit den vielen Wohnungen ganz bestimmt auch eine Wohnung bereit für ein liebes und treues Gemeindeglied, das ich vor bald drei Monaten beerdigen musste. Und deswegen dürfen wir, die wir in unserer Pfarrgemeinde und in ihrer Familie traurig sind über ihren Tod, auch darauf vertrauen, dass sie bei Gott geborgen ist und dass er sie liebevoll an der Hand nimmt und ihr ihre neue Wohnung in seinem Haus zeigt. Da bin ich mir ganz sicher. Dort darf sie weiter leben – auch wenn sie jetzt hier bei uns auf dieser Erde nicht mehr sein kann und nicht mehr sein wird. Aber sie lebt dort weiter in Gottes Nähe und auch in uns – jedes Mal, wenn wir an sie denken, wenn wir uns an sie erinnern, wenn wir über sie sprechen – ganz besonders an diesem Ewigkeitssonntag.

Der Märchenprinz - Jak 5,7f:

Radiogottesdienst in Radio Ö1 am 6. Dezember 2009

Liebe Gemeinde, im Brief des Jakobus´ lesen wir im 5. Kapitel in den Versen 7 und 8:

Meine Brüder und Schwestern, wartet geduldig, bis der Herr kommt. Muss nicht auch der Bauer mit viel Geduld abwarten, bis er die Ernte einfahren kann? Er weiß, dass die Saat dazu den Herbstregen und den Frühlingsregen braucht. Auch ihr müsst geduldig sein und dürft nicht mutlos werden, denn der Herr kommt bald.

Denn der Herr kommt bald…

In einem Kinderlied singt der ostdeutsche Liedermacher Gerhard Schöne von einem Märchenprinzen, der einem an sich selbst zweifelnden Kind Mut macht und ihm sagt – Dich gibt es nur einmal auf Erden, und ich mag Dich so, wie Du bist!

Der Märchenprinz, der einen Lehrer zurechtweist, der von seinen Schülerinnen und Schülern Ordnung verlangt, aber selbst darauf pfeift.

Oder der Märchenprinz, der den Krieg in der Welt bannt, alle Waffen verzaubert und die Völker dieser Erde dazu bringt, Hand in Hand miteinander zu gehen.

Der Märchenprinz…

Ich bin froh, dass ich als Christin nicht auf einen imaginären Märchenprinzen hoffen muss, der vielleicht irgendwann einmal für Ordnung und Gerechtigkeit in dieser Welt sorgt – aber möglicherweise doch nur ein wunderschöner Gedanke bleibt und keine Realität wird.

Mir ist etwas viel besseres verheißen – Jesus Christus, der Sohn Gottes.

Er wird wiederkommen in diese Welt.

Daran glaube ich und darauf vertraue ich ganz fest!

Jesus, der jedem Menschen Würde und Respekt entgegenbringt.

Der sich den Ausgestoßenen zuwendet und sie heilt.

Der Frieden verheißt.

Und Jesus, der immer noch sein wird, wenn Himmel und Erde vergangen sein werden.

Jesus, der Erlöser dieser Welt.

In seinem Lied singt Gerhard Schöne aber auch davon, dass sich der Märchenprinz manchmal rar macht, dass er sich auszuruhen scheint.

Dann muss man selbst etwas tun und nach Wegen suchen, um ihn zu vertreten.

Auch ich denke manchmal – dieser Jesus, der macht sich ganz schön rar!

Und das Warten auf ihn, das dauert mir oft viel zu lang.

Bald werden es an die 2000 Jahre sein, dass er diese Welt verlassen hat.

Wann kommt er denn endlich wieder?

Wann tritt er seine gerechte und gute Herrschaft über diese Welt an?!

Warum müssen so viele Menschen schon so lange Not, Elend und Ungerechtigkeit in dieser Welt ertragen?

Wann erlöst er sie endlich?

Und warum wird die Zahl derer, die sich für ihn und seine Botschaft interessieren, in unseren Breitengraden immer weniger?

– Diese Fragen möchte ich Jesus in meiner Ungeduld gerne stellen!

Aber vielleicht übersehe ich dabei etwas.

Vielleicht übersehe ich dabei, dass Jesus in der Bibel nicht nur von dem kommenden Reich Gottes spricht, sondern auch von dem Reich Gottes, das schon mitten unter uns vorhanden ist.

Das schon vorhanden ist, weil Menschen versuchen, so zu leben, wie Jesus es uns vorgelebt hat.

Ein Mensch, der versucht hat, so wie Jesus und in seiner Nachfolge zu leben – das ist Nikolaus von Myra, dessen Fest wir heute auch feiern.

Nikolaus war ein griechischer Bischof aus Kleinasien und lebte im 4. Jahrhundert.

Als Sohn reicher Eltern soll er das von ihnen geerbte Vermögen unter den Armen verteilt haben, so erzählt die Legende.

Als ein armer Mann plante, seine drei Töchter in die Prostitution zu geben, weil er ihnen keine gute Mitgift für eine richtige Heirat geben konnte – da soll Nikolaus gehandelt haben.

Er erfuhr von der Notlage dieser Familie und soll in drei Nächten je einen großen Klumpen Gold durch das Fenster des Zimmers der drei Jungfrauen geworfen haben.

Dadurch wurde die Mitgift für jede dieser drei Töchter gesichert.

Wegen dieser Legende wird Nikolaus auf Ikonen oder Bildern heute auch häufig mit drei goldenen Kugeln oder Äpfeln dargestellt.

Vielleicht gibt uns die Zeit des Wartens auf das Wiederkommen Jesu Christi die Möglichkeit, uns als Menschen, als Christinnen und Christen, auch weiterzuentwickeln.

Weiterzuentwickeln auf dem Weg, der Nachfolge Jesu Christi bedeutet – der Versuch und das Streben, so zu handeln und unser Leben so zu gestalten, wie Jesus es uns vorgelebt hat.

Die Ernte wird das erneute Kommen Christi in diese Welt sein.

Aber eine Saat braucht Zeit zum Wachsen – braucht Herbstregen, Frühlingsregen und Sonne, um heranzureifen und dann zur ausgereiften Frucht und Ernte werden zu können.

Das gilt wohl auch für den Weg von uns Menschen mit Christus.

Das Warten auf Jesu Wiederkehr muss uns also nicht mutlos machen.

Vielmehr dürfen wir diese Zeit als Geschenk annehmen, um uns auf Jesus zu zu bewegen und um mitzuhelfen bei der Verwirklichung von Gottes Reich in dieser Welt.

Gerhard Schöne endet sein Märchenprinzlied mit der Feststellung – wenn man den Märchenprinzen vertreten muss, dann könnte ein Wunder geschehen.

Der Märchenprinz bist Du!

Amen.

Kleinen wird Großes zugetraut - Apg 2,1-8.14-18:

Predigttextauslegung in SAAT 8/2010, 23. Mai 2010

Und als der Pfingsttag gekommen war, waren sie alle an einem Ort beieinander. Und es geschah plötzlich ein Brausen vom Himmel wie von einem gewaltigen Wind und erfüllte das ganze Haus, in dem sie saßen. Und es erschienen ihnen Zungen zerteilt, wie von Feuer; und er setzte sich auf einen jeden von ihnen, und sie wurden alle erfüllt von dem heiligen Geist und fingen an, zu predigen in andern Sprachen, wie der Geist ihnen gab auszusprechen. Es wohnten aber in Jerusalem Juden, die waren gottesfürchtige Männer aus allen Völkern unter dem Himmel. Als nun dieses Brausen geschah, kam die Menge zusammen und wurde bestürzt; denn ein jeder hörte sie in seiner eigenen Sprache reden. Sie entsetzten sich aber, verwunderten sich und sprachen: Siehe, sind nicht diese alle, die da reden, aus Galiläa? Wie hören wir denn jeder seine eigene Muttersprache? (...) Da trat Petrus auf mit den Elf, erhob seine Stimme und redete zu ihnen: Ihr Juden, liebe Männer, und alle, die ihr in Jerusalem wohnt, das sei euch kundgetan, und lasst meine Worte zu euren Ohren eingehen! Denn diese sind nicht betrunken, wie ihr meint, ist es doch erst die dritte Stunde am Tage; sondern das ist's, was durch den Propheten Joel gesagt worden ist (Joel 3,1-5): „Und es soll geschehen in den letzten Tagen, spricht Gott, da will ich ausgießen von meinem Geist auf alles Fleisch; und eure Söhne und eure Töchter sollen weissagen, und eure Jünglinge sollen Gesichte sehen, und eure Alten sollen Träume haben; und auf meine Knechte und auf meine Mägde will ich in jenen Tagen von meinem Geist ausgießen, und sie sollen weissagen."

Pfingsten – ein herrliches Fest! Oder doch nicht? Wer kennt den wahren Sinn und Inhalt dieses Festes in unseren volkskirchlichen Kreisen heute noch? Hängt es vielleicht mit der erwähnten Gabe der Zungenrede zusammen, die bei uns - wenn nicht gerade unbekannt, dann doch - meistens mindestens etwas belächelt wird, wenn nicht sogar verpönt ist? Oder ist es dieses Ausgießen des heiligen Geistes, mit dessen Auswirkungen wir wenig anfangen können?

Dass die Juden und Jüdinnen aus den verschiedenen Gegenden plötzlich ihre eigenen Sprachen hören, in denen sie von Gottes Wort hören, ist für mich ein Sinnbild dessen, dass Gottes Wort nicht nur zu den Juden und Jüdinnen, nicht nur zu den Menschen rund um den Mittelmeerraum kommt. Nein, Gottes Wort soll in allen Sprachen gesprochen und verbreitet werden. Es soll und darf zu allen Menschen dieser Welt gelangen, um ihr Herz zu erhellen und ihr Leben zu bereichern mit der befreienden Botschaft, die von Gottes Wort und dem Leben Jesu Christi ausgeht. Und der heilige Geist ist es, der zur Verbreitung dieser Botschaft beiträgt und sich wie ein unsichtbarer Wind von Mensch zu Mensch, von Land zu Land bewegt.

Kinder, die weissagen, ältere Menschen, in deren Reden nicht Altersschwachsinn, sondern Weisheit steckt, Knechte und Mägde, die endlich auch einmal etwas wichtiges sagen dürfen – in dieser Weissagung des Joel steckt nicht nur, dass endlich denen, die in der Gesellschaft oft nicht wahr- und für voll genommen werden, etwas sehr wichtiges zugetraut wird. Etwas, das Bedeutung hat für den Rest der Gesellschaft, welche die Botschaft dieser Altersgruppen und Gesellschaftsschichten hören wird. Hier wird ein wunderbares, großes Wirken Gottes angekündigt, auf das ich sehr gespannt bin und auf das ich mich sehr freue.

Vielleicht kann diese Weissagung einmal dazu beitragen, dass die ehemalige desinteressierte Konfirmandin, der ich davon erzählte, dass manche Menschen in ihren Ländern sogar ins Gefängnis gehen würden, weil sie frei ihre Bibel lesen möchten, mich aus ihren dumpfen Augen nicht mehr mitleidig anlächelt und „schön blöd!“ dazu bemerkt. Sondern vielleicht könnte die Ausgießung des heiligen Geistes auf sie bewirken, dass ihre Augen erstrahlen und sie mit brennendem Herzen begreift, wie mächtig und bedeutend die Worte Gottes für Menschen heute noch sein können und sind – so dass sie selbst Strafen und Gefängnis nicht davon abhalten, dieses Buch lesen zu wollen.

Bei ihm ist immer Vergebung möglich - Lk 15,11-32: Konfirmationsgottesdienst am 30. Mai 2010

Jesus erzählte weiter: „Ein Mann hatte zwei Söhne. Der jüngere sagte: „Vater, gib mir den Teil der Erbschaft, der mir zusteht!“ Da teilte der Vater seinen Besitz unter die beiden auf. Nach ein paar Tagen machte der jüngere Sohn seinen ganzen Anteil zu Geld und zog weit weg in die Fremde. Dort lebte er in Saus und Braus und verjubelte alles. Als er nichts mehr hatte, brach in jenem Land eine große Hungersnot aus; da ging es ihm schlecht. Er hängte sich an einen Bürger des Landes, der schickte ihn aufs Feld zum Schweinehüten. Er war so hungrig, daß er auch mit dem Schweinefutter zufrieden gewesen wäre; aber er bekam nichts davon. Endlich ging er in sich und sagte: „Mein Vater hat so viele Arbeiter, die bekommen alle mehr, als sie essen können, und ich komme hier um vor Hunger. Ich will zu meinem Vater gehen und zu ihm sagen: „Vater, ich bin vor Gott und vor dir schuldig geworden; ich bin es nicht mehr wert, dein Sohn zu sein. Nimm mich als einen deiner Arbeiter in Dienst!“ So machte er sich auf den Weg zu seinem Vater. Er war noch ein gutes Stück vom Haus entfernt, da sah ihn schon sein Vater kommen, und das Mitleid ergriff ihn. Er lief ihm entgegen, fiel ihm um den Hals und überhäufte ihn mit Küssen. „Vater“, sagte der Sohn, „ich bin vor Gott und vor dir schuldig geworden, ich bin es nicht mehr wert, dein Sohn zu sein!“ Aber der Vater rief seinen Dienern zu: „Schnell, holt das beste Kleid für ihn, steckt ihm einen Ring an den Finger und bringt ihm Schuhe! Holt das Mastkalb und schlachtet es! Wir wollen ein Fest feiern und uns freuen! Denn mein Sohn hier war tot, jetzt lebt er wieder. Er war verloren, jetzt ist er wieder gefunden.“ Und sie begannen zu feiern. Der ältere Sohn war noch auf dem Feld. Als er zurückkam und sich dem Haus näherte, hörte er das Singen und Tanzen. Er rief einen der Diener herbei und fragte ihn, was denn da los sei. Der sagte: „Dein Bruder ist zurückgekommen, und dein Vater hat das Mastkalb schlachten lassen, weil er ihn gesund wiederhat.“ Der ältere Sohn wurde zornig und wollte nicht ins Haus gehen. Da kam der Vater heraus und redete ihm gut zu.

Aber der Sohn sagte zu ihm: „Du weißt doch: All die Jahre habe ich wie ein Sklave für dich geschuftet, nie war ich dir ungehorsam. Was habe ich dafür bekommen? Mir hast du nie auch nur einen Ziegenbock gegeben, damit ich mit meinen Freunden feiern konnte. Aber der da, dein Sohn, hat dein Geld mit Huren durchgebracht; und jetzt kommt er nach Hause, da schlachtest du gleich das Mastkalb für ihn." „Mein Sohn", sagte der Vater, „du bist immer bei mir, und dir gehört alles, was ich habe. Wir konnten doch gar nicht anders als feiern und uns freuen! Denn dein Bruder war tot, jetzt ist er wieder am Leben. Er war verloren, und jetzt ist er wieder gefunden."

Liebe Gemeinde, liebe Konfirmandinnen und Konfirmanden!

Ihr steht jetzt mit Euren 13, 14 Jahren an einem Punkt in Eurem Leben, wo es langsam aber sicher an das Erwachsenwerden geht. Ihr steht an einem Punkt, wo es notgedrungen und ganz natürlich darauf in den nächsten Jahren hinauslaufen wird, dass Ihr Entscheidungen für Euer Leben treffen werdet und Verantwortung für Euer Leben übernehmen müsst.

Eure Eltern und Familien haben Euch das seit Beginn Eures Lebens bisher sicherlich meistens abgenommen, Euer Leben und Euren Alltag bisher sicher meist geplant – wenn auch vielleicht manchmal schon mit Euch zusammen. Aber jetzt ist langsam und Schritt für Schritt der Lebensabschnitt in Eurem Leben erreicht, wo Ihr lernen und ausprobieren müsst, auf eigenen Füssen zu stehen. Eure Eltern und Familien, Lehrerinnen und Lehrer in der Schule und andere Menschen, die Euch begleiten und denen Ihr begegnet, haben Euch Handwerkszeug für Euer Leben mitgegeben. Und ich glaube auch, dass sie das weiterhin tun und anbieten werden – soweit Ihr das möchtet. Aber es wird kein Weg daran vorbei führen – langsam werdet Ihr in die Freiheit und in Euer ganz eigenes Leben entlassen.

Und so werdet Ihr aus Euren Familien entlassen werden wie damals Abram, der aus seines Vaters Haus auszog und dem ein Land, eine Zukunft von Gott gegeben wurde. Okay, Ihr seid ein bisschen jünger als Abram mit seinen fünfundsiebzig Jahren, aber in damaliger Zeit waren Lebensjahre noch etwas anderes als in unserer heutigen Zeitrechnung. Gott entlässt Abram in eine Zukunft, in der Abram jetzt selbst schauen muss, wie er mit seinem Leben und dem, was ihm mitgegeben und anvertraut wurde, zurechtkommt. Er muss erwachsen werden. Und das müsst Ihr nun in den nächsten Jahren auch. Das ist keine bedrohliche Sache, sondern eine schöne Feststellung – es geht etwas weiter. Und an diesem Punkt wie damals Abram, da steht jetzt auch Ihr.

Aber bei diesem Aufbruch ins Erwachsenwerden, da stellt sich für mich, für Eure Eltern und Familien sicher auch ein wenig die Frage – was macht Ihr mit dem, was Euch mitgegeben wurde? Was macht Ihr mit dem, was Ihr in den Nachmittagen des Konfirmationsunterrichtes, in den Konfigottesdiensten gelernt, diskutiert, erlebt und erfahren habt? Was macht Ihr mit Eurer Begegnung mit diesem christlichen Gott? Was macht Ihr mit Eurem Kontakt zu unserer evangelischen Kirche?

Für manche dann Konfirmierte heißt Konfirmation – ab dem nächsten Schuljahr Abmeldung im Religionsunterricht, nach der Schule, dem Studium, der Ausbildung Austritt aus der Kirche bei der ersten Kirchenbeitragsvorschreibung, nie wieder eine Kirche und Pfarrgemeinde betreten müssen usw. Oder es heißt auch – ja, Mithilfe als KonfihelferIn beim nächsten Konfidurchgang, Spaß in der evangelischen Jugendarbeit, kirchliche Hochzeit, Taufe der eigenen Kinder, Leben, Gemeinschaft und vielleicht auch Mitarbeit in der evangelischen Pfarrgemeinde vor Ort. Wer weiß, wie Ihr Euch dann entscheiden werdet!

Und für Eure Eltern und Familien wird es in den nächsten Jahren und Jahrzehnten spannend werden, wie Ihr mit dem umgehen werdet, was sie Euch an Werten, Meinungen, Ansichten, ja an Leben mitgegeben haben. Werdet Ihr so einen familiären und beruflichen Weg einschlagen wie Papi und/oder Mami? Wird es bei Euch auch Einzelkinder, eine Großfamilie oder gar keine Kinder geben?

Werdet Ihr dankbar sein für all das, was sie für Euch getan haben oder nur gierig aufs Erbe warten – bis Großmutter, Großvater und irgendwann auch Vater und Mutter aus dieser Welt scheiden? Werden Eure Eltern und Familien noch ein Teil Eures Lebens sein, wenn Ihr dann 20, 30, 40 Jahre alt sein werdet? Oder werdet Ihr froh sein, absolut selbständig und vollkommen losgelöst von Euren Ursprungsfamilien Euer Leben führen zu können?

Ihr werdet nicht daran vorbeikommen, dass das, was Ihr erlebt und erfahren habt, dass das, was man Euch mitgegeben hat und das, wo Ihr herkommt, ein Teil Eures Lebens bleiben wird. Immer, das ist einfach so. Das kann man nicht ablegen. Man kann nur überlegen, welchen Stellenwert man diesen Dingen zumisst. Waren sie positiv, dann wird man sie gern immer bei sich haben und sich gern daran erinnern. War es negativ, dann wird man überlegen müssen, wie man am besten damit zu recht kommt, ohne dass es einen weiter negativ tangiert.

Der jüngere Sohn aus dem Predigttext macht sich auch mit seinem Erbteil auf den Weg in ein selbst bestimmtes Leben. So eine Selbständigkeit ist ja erstmal nichts Schlechtes. Aber dieser jüngere Sohn hat wohl ein schlechtes Händchen für sein neues Leben – und so bringt er gleich mal alles durch und geht nicht sorgsam mit seinem Erbe um. Als dann schlechte Zeiten ins Land gehen und er nichts mehr hat, von dem er leben kann, muss er sich als

Schweinehüter verdingen. Keine ganz angenehme Arbeit, wenn man vielleicht vorher einiges an Besitztümern und Luxus sein Eigen nannte.

Aber er besinnt sich, er geht in sich. Vielleicht war sein Aufbruch aus seines Vaters Haus damals doch etwas überstürzt und nicht gut geplant. Vielleicht hätte er sorgsamer mit seinem Erbe umgehen sollen, dann wäre er jetzt nicht in solch einer misslichen Lage. Ja, geradezu gepfiffen hat er auf all das, was er zu Hause hatte. Nur sein Erbe wollte er so früh wie möglich haben und schnell weg von zu Hause. Jetzt weiß er, dass das vielleicht kein gut überlegter Schritt gewesen sein kann. Emanzipation und Erwachsenwerden, eigenständiges Leben ja – aber vielleicht nicht so brutal und losgelöst von seiner Familie, wie er es gemacht hat.

Und er geht zurück zu seiner Familie. Demütigen will er sich, wenn er zurückkommt, um Verzeihung bitten und als Arbeiter bei seinem Vater tätig sein, um wieder sein Auskommen zu haben. Sein Vater könnte sicher sauer auf seinen jüngeren Sohn sein – hat er ihn doch einstmals mit seinem Erbe frühzeitig entlassen. Und was hat er daraus gemacht? Nichts! Alles verprasst, gegessen, gesoffen, gehurt, gespielt, alles vertan. Wofür? – Dafür, dass er dann aus dem Trog der Schweine essen musste. Eigentlich könnte sein Vater ihn zur Tür hinauswerfen und sagen – das geschieht Dir ganz recht, was hast Du getan mit alldem, was ich Dir mitgegeben habe? Nichts! Und nun kommst Du an und winselst nach ein bisschen Arbeit? Noch nicht mal das werde ich Dir geben!

Aber nein, so handelt sein Vater nicht. Er feiert vielmehr, er lässt die beste Kleidung für seinen jüngeren Sohn herbeischaffen und ein gemästetes Kalb schlachten für das große Fest. Er freut sich einfach unglaublich darüber, dass sein verlorener Sohn wieder da ist. Dieses Geschenk seiner Rückkehr ist mehr wert als all das, was er an Materiellem verprasst hat. Das Ideelle, was er ihm als Sohn mitgegeben hat, das scheint ja noch da zu sein. Und darüber freut sich sein Vater einfach.

Ich denke, dass diese Geschichte ein Beispiel dafür sein kann, wie ein Leben verläuft, nachdem man erwachsen geworden ist. Man kann gut mit dem umgehen, was einem mitgegeben wurde – so wie der ältere Sohne oder eben auch schlecht – so wie der jüngere Sohn. Man kann sich von dem abwenden, was man bekommen hat und nie mehr wiederkommen. Oder auch sich wieder dessen besinnen, was man bekommen hat, wo seine Wurzeln sind.

Wenn man sich von dem abwendet, was einem mitgegeben wurde, dann kann es durchaus sein, dass man auch nicht mehr so nett aufgenommen wird von seiner Familie, weil sie - vielleicht verständlich – sehr verletzt ist. Da wird dann die Reaktion des älteren Bruders verständlich – er kann nicht damit umgehen, dass dem jüngeren Bruder nach seinem Ausflug in die große weite Welt jetzt solch ein Fest bereitet wird.

Aber Gott wird einmal nicht so handeln wie dieser ältere Bruder. Er wird so handeln wie dieser Vater, der seinen jüngeren und zeitweise verlorenen Sohn wieder mit offenen Armen aufnimmt. Solltet Ihr Euch von Gott, von der Kirche, vom christlichen Glauben einmal abwenden – weswegen auch immer -, dann wird Gott so handeln, wie das der Vater in der Geschichte vom verlorenen Sohn tut. Er wird Euch mit offenen Armen wieder aufnehmen. Aber er wird das nur tun, wenn Eure Rückkehr zu ihm nicht fadenscheinig und kurzweilig ist. Wirkliche Rückkehr bedeutet so wie beim jüngeren Sohn Reue und Einsicht, dass man vielleicht einen sehr falschen Weg beschritten hat. Und wirkliche Rückkehr bedeutet auch, das wieder zu schätzen zu wissen, was einem positiv mitgegeben wurde – von Gott, von der Familie, von anderen.

Wohin auch immer Euer Weg Euch in Eurem Leben führen wird – wenn Ihr es ehrlich meint, wird Gott immer wieder offene Arme für Euch haben und Euch liebevoll aufnehmen. Durch Eure Taufe und auch heute durch Eure Konfirmation seid Ihr ein Teil des Leibes Jesu Christi, Gottes Sohnes. Bei ihm ist immer Vergebung möglich und ich hoffe auch, bei Euren Familien – ganz so, wie Ihr es auf einem Bild zur Geschichte vom verlorenen Sohn auf der Konfifreizeit gemalt habt.

Und der Friede Gottes, welcher höher ist als alle Vernunft, bewahre eure Herzen und Sinne in Christus Jesus.

Amen.

Keine Angst vor der Zukunft - Apg 1,3-11:

Gottesdienst am 8. August 2010

Seinen Aposteln zeigte sich Jesus nach seinem Leiden durch viele Beweise als der Lebendige und ließ sich sehen unter ihnen vierzig Tage lang und redete mit ihnen vom Reich Gottes. Und als er mit ihnen zusammen war, befahl er ihnen, Jerusalem nicht zu verlassen, sondern zu warten auf die Verheißung des Vaters, die ihr, so sprach er, von mir gehört habt; denn Johannes hat mit Wasser getauft, ihr aber sollt mit dem Heiligen Geist getauft werden nicht lange nach diesen Tagen. Die nun zusammengekommen waren, fragten ihn und sprachen: Herr, wirst du in dieser Zeit wieder aufrichten das Reich für Israel? Er sprach aber zu ihnen: Es gebührt euch nicht, Zeit oder Stunde zu wissen, die der Vater in seiner Macht bestimmt hat; aber ihr werdet die Kraft des Heiligen Geistes empfangen, der auf euch kommen wird, und werdet meine Zeugen sein in Jerusalem und in ganz Judäa und Samarien und bis an das Ende der Erde. Und als er das gesagt hatte, wurde er zusehends aufgehoben, und eine Wolke nahm ihn auf vor ihren Augen weg. Und als sie ihm nachsahen, wie er gen Himmel fuhr, siehe, da standen bei ihnen zwei Männer in weißen Gewändern. Die sagten: Ihr Männer von Galiläa, was steht ihr da und seht zum Himmel? Dieser Jesus, der von euch weg gen Himmel aufgenommen wurde, wird so wiederkommen, wie ihr ihn habt gen Himmel fahren sehen.

Liebe Gemeinde!

Wenn große Veränderungen im Leben vor uns liegen, dann begegnen wir diesen Punkten im Leben nicht selten mit äußerster Skepsis. Natürlich kommt es auch darauf an, was uns bevorsteht – ein Arbeitsplatzwechsel, ein Umzug, ein neuer Chef, ein weiteres Kind, der Weg vom Kindergarten/der Schule/der Uni hin zum Job oder was auch immer. Und oft fragen wir uns – werden wir das schaffen? Werden wir das bewältigen? Werden wir uns zurechtfinden?

Werden wir an dem Ort, wo wir dann sein werden, nette Menschen finden? Werden wir uns geborgen fühlen? Manchmal verfallen wir dann auch darein, die Vergangenheit zu glorifizieren – ach, es war doch früher sooo schön! Früher war da und dort doch alles besser! Wären wir doch dort geblieben! Wäre doch alles noch genauso wie früher. Hätten wir doch niemals der Veränderung zugestimmt!

So ein bisschen in diese Richtung geht das, was Ihnen als Gliedern unserer Pfarrgemeinde und mir als demnächst zweifacher Mutter, aber auch als Pfarrerin jetzt bevorsteht. Ich habe keine große Angst vor der Veränderung, aber ich frage mich natürlich schon – wie wird das werden in den letzten Schwangerschaftswochen, wie wird das werden mit der Geburt, wie werde ich das schaffen mit zwei kleinen Kindern? Was wird sich da jetzt wieder alles verändern im Leben? Schaffe ich das alles überhaupt?

Und Sie werden sich vielleicht fragen – naja, ab Sonntag ist die Pfarrerin in Karenz, was wird dann werden? Wie geht´s mit unserer Pfarrgemeinde weiter? Wie wird das mit dem Superintendenten werden, wenn er hier administriert?

So unsicher, wie Sie sich jetzt vielleicht ein bisschen fühlen und wie ich mich jetzt auch wohl etwas fühle, weil ich nicht so genau weiß, wie sich alles entwickeln wird – ähnlich komisch in ihrer Haut werden sich damals womöglich die Jünger Jesu gefühlt haben, als Jesus starb, auferstand und dann auch noch anstatt bei ihnen zu bleiben, in den Himmel auffuhr. Einige Monate, vielleicht zwei bis drei Jahre lang waren sie mit ihm, ihrem Meister, durch die Lande gezogen. Er war ihr Chef, er wusste, wo´s langgeht. Ob es um Fragen des Lebens und des Glaubens ging, ob es Auseinandersetzungen mit den jüdischen Obrigkeiten gab, ob sie als seine Nachfolgerinnen und Nachfolger von den Menschen angefeindet wurden, ob arme und kranken Menschen Zuflucht bei ihnen suchten und Hilfe - Jesus wusste, was zu tun war und wie sie in den einzelnen Situationen handeln mussten. Sicher, es war auch oft nicht einfach, und manchmal hat er ihnen ganz kräftig in´s Gewissen reden müssen. Aber jetzt war er einfach weg – auf und davon in den Himmel! War es nicht schon schlimm genug, dass er sterben musste?! Und wie froh waren sie, dass er auferstanden und doch nicht wirklich tot war! Da hätte er doch bei ihnen bleiben können! Warum musste er nur gehen?!

Übergangssituationen wie diese – ein neues Kind, die Karenz der Pfarrerin, der Abschied einer Person in den Himmel – solche Situationen besitzen meistes zwei Möglichkeiten. Entweder kann ich dem Vergangenen oder Zurückliegenden nachhängen und nachtrauern. Oder ich nehme das Neue und vor mir Liegende als Chance, als möglichen Gewinn wahr. Was macht es für einen Unterschied, meine Kraft auf die Vergangenheit zu konzentrieren oder sie für meine Freude und Neugier auf Neues zu nutzen? Oder anders – muss ich meine Angst wegen der Zukunft kräftemäßig binden oder kann ich die dafür benötigte Energie nicht viel eher dafür gebrauchen, um zu überlegen – was brauche ich alles, damit es mir in der neuen, veränderten Situation gut geht?

Der Predigttext beschreibt solch einen Übergang, solch eine Schwelle im Leben der Jüngerinnen und Jünger, im Leben der Welt und des Christentums. Im Lukasevangelium ging es um das Leben Jesu, sein Wirken, sein Handeln und seine Worte.

In der Apostelgeschichte geht es nun aber darum, was mit den Christinnen und Christen geschieht, die durch Christus zum Glauben gefunden haben – also geht es um die Kirche, die nun entsteht.

Solange die Jüngerinnen und Jünger den irdischen Jesus bei sich hatten, solange war ihr Selbstbewusstsein begrenzt. Sie mussten ja vieles nicht selbst tun. Er war ja immer da, er konnte ja immer gefragt werden, wenn etwas anlag. Aber nun sind sie auf sich selbst gestellt. Jetzt müssen sie selbst handeln. Und erst weil Jesus weg ist, haben die ersten Christinnen und Christen die Möglichkeit – und auch die Notwendigkeit – selbstbewusst, eigenständig und ohne die Vorgabe von einem anderen zu handeln. Die Sache Jesu geht weiter! Sie ist mit seiner Himmelfahrt nicht zu Ende! An diesem Punkt geht es los mit der Geschichte des Christentums und der Kirche, mit der Ausbreitung des Evangeliums in die ganze Welt, mit der Verbreitung von Jesu Christi Botschaft.

Solange Jesus lebte, kam der Himmel immer wieder auf die Erde herab. Kranke wurden geheilt, Lahme begannen zu gehen, man verhielt sich solidarisch mit den Armen – zwei Welten berührten sich: Himmel und Erde. Aber was in der Vergangenheit nur Jesus möglich war, ist nun den Jüngerinnen und Jüngern möglich. Jesus hat ihnen gesagt: „Ihr werdet die Kraft des heiligen Geistes empfangen." Erst als Jesus hinweg genommen ist – und das endgültig – ist die Voraussetzung dafür gegeben, dass die Gabe des heiligen Geistes sich erfüllen kann, dass der heilige Geist wirklich wirken kann.

Sicher, Jesu Himmelfahrt war für die Jüngerinnen und Jünger ein Verlust. Sie werden sich oft gefragt haben, warum er sie verlassen hat, warum er in den Himmel zu seinem Vater verschwunden ist. Aber diese Fragen machten ihr Leben nur schwer und ließen es erstarren. Es musste ihnen gesagt werden – schaut nicht zurück! Sucht Euer Heil nicht in dem Blick zum Himmel! Sondern handelt jetzt selbst in Jesu Namen! Fragt Euch, wozu er Euch gebrauchen will, was Ihr durch Gottes Geist jetzt unter den Menschen tun sollt! Und wenn sie das tun – dann kommt das Leben wieder in Gang! Jesus hat seinen Jüngerinnen und Jüngern alles vorgelebt, gesagt und gezeigt, was sie brauchen.

Und er hat ihnen den heiligen Geist mitgegeben. Was brauchen sie mehr? In dieser Kraft können sie nun so handeln, wie Jesus es tun würde, und das gelingt bis heute.

Christi Himmelfahrt ist schmerzhaft, sie ist ein Verlust – aber sie ist auch gerade die wichtige Form der Veränderung, um die Jüngerinnen und Jünger in die Freiheit – zusammen mit dem heiligen Geist - zu entlassen.

Wenn der Übergang bei einer Veränderung gelingt, dann kann man das Vergangene würdigen – ohne es zu überhöhen. Dann ist man fähig, dankbar für das Vergangene zu sein und es als Schatz für die Zukunft zu sehen und zu nutzen. Und der Blick ist frei für die neuen Möglichkeiten.

Wenn aber der Übergang nicht gelingt, irgendwie wackelig und komisch, konfliktreich verläuft, dann bleibt man leicht stecken. Dann ist die Vergangenheit nicht abgeschlossen – sie schmerzt oder wird glorifiziert. Und für die Zukunft ist man auch nicht frei – weil man Angst davor hat, sich noch nicht frei darauf einstellen kann, weil einem das Alte noch nachhängt.

Liebe Gemeinde – ich wünsche mir und Ihnen, dass die Veränderung durch meine Karenz und die Administration in unserer Gemeinde gelingt. Ich wünsche mir, dass Sie das Wertvolle der vergangenen Jahre als einen positiven Schatz mit in die Zukunft nehmen können. Ich gehe nicht im Unfrieden, ich gehe, weil ich nun ein Kind bekomme. Sicher, es gibt vieles, was sehr schwierig an unserer Gemeindesituation war und immer noch ist und vielleicht auch noch in Zukunft sein wird. Und es ist notwendig, sich über so manches, was schief gelaufen ist, was schief läuft und was immer wieder schwierig ist, einmal wirklich Gedanken zu machen und zu überlegen – welche Zukunft hat unsere Gemeinde oder welche Zukunft soll sie denn eigentlich haben?

Aber bitte – auch wenn wir oft nur wenige sind – schauen Sie auf das, was hier an Lichtblicken vorhanden ist und war! Unsere Gemeinschaft im Gottesdienst und beim Kirchencafé, die sehr persönlichen Begegnungen, die Anteilnahme aneinander und das Leben miteinander. Das alles kann und wird weitergehen – auch in der Zeit der Administration! Und Sie sind als Christinnen und Christen selbst auch stark genug, diese Gemeinschaft weiter zu tragen. Auch Sie sind mit der Kraft des heiligen Geistes ausgestattet, auch mit Ihnen geht die Geschichte Jesu Christi, das Leben des Christentums weiter. Bitte haben Sie keine Angst vor der Zukunft! Bitte verklären Sie nicht die Vergangenheit! Ich freue mich, wenn Sie vielleicht dankbar sind für all das, was wir hier in den letzten Jahren geschafft haben. Aber Sie sind jetzt auch in der Lage, das weiter zu tragen – auch, wenn ich jetzt nicht mehr da bin. Ich bin nicht Jesus, ich bin viel, viel weniger als er oder gar nichts im Vergleich mit ihm. Aber Sie - Sie sind Menschen, die in seiner Nachfolge stehen, seinen heiligen Geist haben – und deshalb wird Ihnen die Zukunft mit dieser Gemeinde oder als Christinnen und Christen gelingen!

Und der Friede Gottes, welcher höher ist als alle Vernunft, bewahre eure Herzen und Sinne in Christus Jesus.

Amen.

Und Gott geht - Hes 10,18-22:

Tauf- und Kindergottesdienst am 9. Oktober 2011

Und die Herrlichkeit des HERRN ging wieder hinaus von der Schwelle des Tempels und stellte sich über die Cherubim. Da schwangen die Cherubim ihre Flügel und erhoben sich von der Erde vor meinen Augen, und als sie hinausgingen, gingen die Räder mit. Und sie traten in den Eingang des östlichen Tores am Hause des HERRN, und die Herrlichkeit des Gottes Israels war oben über ihnen. Das waren die Gestalten, die ich unter dem Gott Israels am Fluß Kebar gesehen hatte; und ich merkte, daß es Cherubim waren. Vier Angesichter hatte jeder und vier Flügel und etwas wie Menschenhände unter den Flügeln. Und ihre Angesichter waren so gestaltet, wie ich sie am Fluß Kebar gesehen hatte; und sie gingen in der Richtung eines ihrer Angesichter, wie sie wollten.

Liebe Gemeinde!

Vor mehr als fünfzehn Jahren hatte ich eine Zeit lang eine Brieffreundschaft zu einem jungen Mann aus der Freikirche der Brüdergemeinde. Wir hatten uns auf einer Freizeit der Brüdergemeinde in Wales kennen gelernt - er war, er ist der angeheiratete Schwager eines Cousins von mir. Nach dieser Freizeit schrieben wir uns einige Zeit. In unseren Briefen ging es immer um christliche Themen, weil wir sehr kontroverse Meinungen hatten. Zugegeben - seine Freikirche sorgte auch für viel Gesprächsstoff, durften doch dort z.B. Frauen in den Versammlungen nicht sprechen, nicht predigen, trugen meist Kopftücher, lange Haare und Kleider oder Röcke. Wir hatten also viel zu diskutieren.

Wir haben schon lange keinen Kontakt mehr, aber etwas aus unserem Briefverkehr ist mir besonders in Erinnerung geblieben. Irgendwann hatte ich ihn einmal gefragt, ob er auch in Diskotheken zum Tanzen gehe. Und ich erinnere mich noch genau an seine Antwort, die mich irgendwie schockierte – nein, er gehe in keine Disco. Jesus wäre da ja auch nicht hingegangen.

Ich weiß nicht mehr, wie unser Briefverkehr zu diesem Thema weiterging, aber diese m.E. überhebliche und abschätzige Antwort begleitet mich bis heute. Sie entsetzt mich, sie macht mich nachdenklich.

Nein, ich gehe nicht in eine Disco. Jesus wäre da auch nicht hingegangen. – Kann es einen Ort geben, an dem es Gott nicht gibt? Kann es einen Ort geben, an dem Jesus nicht existiert? Mich hat diese Antwort von diesem jungen Mann damals so schockiert, weil ich sie zunächst als so überheblich und abschätzig empfand. – Als ob alle Diskotheken Orte des Verbrechens und der Gotteslästerung wären! Natürlich mag sich Gott nicht über Diskotheken freuen, in denen mit Drogen gehandelt wird, wo Promiskuität an der Tagesordnung ist, Leute mit K.O. -Tropfen gefügig gemacht werden, usw. – Aber ist er deswegen gleich total abwesend? Oder ist wirklich jede Diskothek ein Ort des Übels?

Ist Gott dort abwesend, wo so gehandelt wird, wie es Gottes Ordnungen widerspricht? Ich denke, diese Frage lässt sich mit einem klaren JA und ebenso mit einem klaren NEIN beantworten!

Warum ein Ja? Warum sollte Gott dort abwesend sein, wo wider seine Ordnungen gehandelt wird? – Nun, wir haben es eben im Predigttext gehört. Die Herrlichkeit des Herrn verlässt den Tempel. Und dafür gibt es einen Grund. Das Volk Gottes ist nicht gewandelt nach den Ordnungen Gottes. Es hat nicht seine Ordnungen gehalten. Sondern es hat nach den Ordnungen der Heiden gelebt. Und manchmal noch nicht einmal nach ihren Ordnungen.

Beim Propheten Hesekiel ist auch beschrieben, dass Götzenbilder den Tempel in Jerusalem verunstalten. Und weil sie denken, dass Gott sie nicht sieht und das Land verlassen hat, opfern und räuchern die Ältesten des Volkes vor Götzenbildern. Oder sie beten die Sonne an. Und sie erfüllen das ganze Land mit Gewalt, Unrecht und mit lauter Blutschuld – sagt Gott zu Hesekiel.

Kein Wunder, dass Gott in dieser Situation geht, dass seine Herrlichkeit in dieser großen Vision des cherubischen Gefährts den Tempel verlässt. Denn obwohl Gott noch bei ihnen ist, sagt sein Volk bereits, er hätte das Land verlassen, er würde sie nicht sehen.

Und hier kommen wir wieder zurück zu der Frage - ist Gott dort abwesend, wo so gehandelt wird, wie es Gottes Ordnungen widerspricht? – Das klare JA als Antwort trifft dort zu, wenn es darum geht, dass Gott nicht tatenlos mit ansieht, wenn an einem Ort gegen das, was er für gut und wichtig hält, gehandelt wird. Dann sagt er – NEIN, so nicht! Und er geht! Und insofern ist er wohl in manchen oder vielen Diskotheken auch nicht anwesend.

Aber gleichzeitig kommt hier das klare NEIN als Antwort auf die Frage, ob Gott dort abwesend ist, wo so gehandelt wird, wie es Gottes Ordnungen widerspricht, in den Blick. – Denn Gott ist ja sehr wohl noch bei denen, die auch in der schlimmsten, abscheulichsten und gotteslästerlichsten Umgebung noch an ihm festhalten.

Viele Menschen hatten und haben in schwierigen Lebensphasen das Gefühl, Gott wäre, Gott sei nicht bei ihnen. Jeder von uns wird das schon erlebt haben. Das waren Phasen, als geliebte Menschen starben oder Zeiten, in denen sie mit einer schweren Krankheit im Spital lagen und nicht genau wussten, wie es weitergehen soll.

Ganz oft begegnet auch heute bei vielen die Frage, warum Gott Leid zulässt. Leid das z.B. entsteht, wenn ein Mann den Arbeitsplatz verliert und die Mutter deshalb nicht mehr weiß, was sie ihren Kindern zu essen geben soll, weil das Geld nicht reicht. Da kommt schnell die Frage auf - kennt Gott eigentlich unser Leid? Weiß er eigentlich, was sich da in unserem Leben gerade abspielt? Oder ist ihm das alles egal, gibt es ihn überhaupt? Nicht selten führen solche Fragen zu Frustration und Zorn auf Gott.

Auch ich kenne das Gefühl, dass ich mich von Gott in einer schwierigen Phase allein gelassen gefühlt habe. Auch Pfarrerinnen werden von Anfechtungen und Krisen im Glauben nicht verschont. Aber ich kann zurückblickend sagen – Gott hat mich dennoch durch diese Zeiten getragen, auch wenn ich damals nicht das Gefühl hatte, dass er bei mir ist. Gott wusste, was sich in meinem Leben an notvollen Dingen ereignete. Er kannte meine Gedanken, die in diesen schweren Phasen vollkommen verquer und auf der Suche nach Halt waren. Dann war es doch so, wie es in Psalm 139 heißt – Gott hat mich von allen Seiten umgeben und seine Hand über mich gehalten.

Wir haben es heute bei den Taufen wieder gehört, und wir hören es als Christinnen und Christen immer wieder mal - Du bist Gottes Kind, Du bist von ihm angenommen und in die Gemeinschaft mit anderen Christen gestellt, Gott steht Dir bei, er beschützt Dich und, und, und... Und trotzdem muss das nicht unbedingt in unseren Herzen ankommen. Trotzdem muss Gott nicht unbedingt zu uns vordringen.

Denn es liegt an uns, ob wir unser Herz öffnen und seine Botschaft annehmen wollen oder nicht. Es liegt an uns, ob Gott bei uns Station machen kann oder an uns vorüber fährt. Dort, wo Gott nicht willkommen ist, wo seiner gespottet wird und gegen das, was er als gute Ordnung für unser Leben uns gibt, gehandelt wird – warum sollte Gott da nicht gehen?!

Wir müssen uns nur ganz einfach auf ihn einlassen. Denn nur so können wir Sicherheit erhalten, dass er wirklich bei uns ist. Gottes Zusagen können in unserem Leben wirklich erfahrbar und spürbar werden. Gottes Transportwege seiner Liebe und Existenz können ganz unterschiedlich sein. Es muss nicht immer das große visionäre Gefährt mit den Cherubim sein.

Die Transportwege von Gottes Anwesenheit und Zuwendung sind manchmal ganz einfach. Das kann ein Sprechen mit Gott sein – in einem Gebet, in einer Klage oder beim Nachsinnen über einen Text. Das kann auch das intensive Hören sein, wie Gott zu uns spricht. Dass Gott uns von allen Seiten umgibt und seine Hand über uns hält, das können wir dann manchmal nahezu körperlich spüren. Das wird in unseren Gedanken erfahrbar.

Oder manchmal sind es auch andere Menschen, durch deren Worte und Taten wir Gottes Sorge für uns erfahren. Das kann ein Gespräch sein, das uns bei einer wichtigen Entscheidung hilft. Das kann ein Angebot von Hilfe sein, gerade, als wir nicht mehr wussten, wie wir Kindererziehung, Haushalt und die Betreuung von kranken Angehörigen unter einen Hut bringen sollen. Oder die Dinge, die uns bisher Not bereitet haben, verändern sich auf eine unvorhergesehene Art und Weise, wie wir sie gar nicht gedacht hätten. Plötzlich erhellt sich der Weg, den wir gehen müssen und andere sind da, die uns helfen können – Menschen, die uns Gott zur Seite stellt.

An diesen Stellen, denke ich, kann Gottes Zusage, dass er uns kennt und von allen Seiten umgibt, wirklich erfahrbar werden.

Liebe Gemeinde, ich wünsche Anele und Keni, die wir heute getauft haben, aber auch uns allen, die wir getauft sind und an diesen christlichen Gott glauben, dass wir unser Leben mit dem Gefühl der Geborgenheit in Gott und seiner Anwesenheit leben und dass wir uns dieses Gefühl auch immer wieder vergegenwärtigen können

Ich möchte Ihnen zum Schluss meiner Predigt ein Bild und einen Text von Margaret Fishback Powers mitgeben. Vielleicht kennen Sie beide bereits, denn sie sind unter vielen Christinnen und Christen sehr bekannt.

Das Bild zeigt einen Strand bei Sonnenuntergang. Leichte Meereswellen spülen Wasser in den weichen Sand. Und in diesem Sand sind tiefe Fußspuren zu sehen – Fußspuren wie von einem Menschen. Die Überschrift über dem Text heißt „Spuren im Sand". Und dort steht geschrieben:

Eines Nachts hatte ich einen Traum. Ich ging am Meer entlang mit meinem Herrn. Vor dem dunklen Nachthimmel erstrahlten, Streiflichtern gleich, Bilder aus meinem Leben. Und jedes Mal sah ich zwei Fußspuren im Sand, meine eigenen und die meines Herrn.

Als das letzte Bild an meinen Augen vorüber gezogen war, blickte ich zurück. Ich erschrak, als ich entdeckte, dass an vielen Stellen meines Lebensweges nur eine Spur zu sehen war. Und das waren gerade die schwersten Zeiten meines Lebens.

Besorgt fragte ich den Herrn: „Herr, als ich anfing, dir nachzufolgen, da hast du mir versprochen, auf allen Wegen bei mir zu sein. Aber jetzt entdecke ich, dass in den schwersten Zeiten meines Lebens nur eine Spur im Sand zu sehen ist. Warum hast du mich allein gelassen, als ich dich am meisten brauchte?"

Da antwortete er: „Mein liebes Kind, ich liebe dich und werde dich nie allein lassen, erst recht nicht in Nöten und Schwierigkeiten. Dort, wo du nur eine Spur gesehen hast, da habe ich dich getragen."

Dort, wo du nur eine Spur gesehen hast, da habe ich dich getragen... Bevor wir in Jammern und Klagen darüber verfallen, wo Gott angeblich überall nicht an unserer Seite ist, bevor wir uns im Zorn von ihm abwenden, weil wir der Meinung sind, dass er uns verlassen hätte, sollten wir uns vor Augen führen – Gott ist immer bei uns, um uns zu helfen und zu begleiten. Das steht überhaupt nicht in Frage! Aber diese Gewißheit seiner Anwesenheit muss nicht gleichzeitig bedeuten, dass er alles gutheißt, was wir tun.

Amen.

Lieber ungehorsam als hörig - 1Kor 2,12-16:
Pfingstgottesdienst am 27. Mai 2012

Wir aber haben nicht den Geist der Welt empfangen, sondern den Geist, der von Gott kommt, damit wir verstehen, was uns von Gott geschenkt worden ist. Und davon reden wir, nicht mit Worten, wie menschliche Weisheit sie lehrt, sondern mit Worten, wie die der Geist lehrt, indem wir für Geistliches geistliche Bilder brauchen. Der natürliche Mensch aber erfasst nicht, was aus dem Geist Gottes kommt, denn für ihn ist es Torheit; und er kann es nicht erkennen, weil es nur geistlich zu beurteilen ist. Wer aber aus dem Geist lebt, beurteilt alles, er selbst aber wird von niemandem beurteilt. Denn »wer hätte die Gedanken des Herrn erkannt, dass er ihn unterweise?« (Jesaja 40,13) Wir aber haben die Gedanken Christi.

Liebe Gemeinde!

Es ist keine zwei Wochen her, da haben Sie in dieser Gemeinde die diesjährige Konfirmation gefeiert. In früheren Zeiten war die Konfirmation der Zeitpunkt, ab dem man zum Abendmahl zugelassen wurde – zumindest in den deutschen Kirchen, in denen ich aufgewachsen bin. Mit der Konfirmation ist auch die Möglichkeit der Übernahme des Patenamtes verbunden und die Mitarbeit in der Gemeinde und der Kirche durch die Berechtigung zur Wahl.

Zum Abendmahl zugelassen sind in unseren evangelischen Kirchen in Österreich inzwischen aber auch getaufte Kinder – die Konfirmation ist nicht mehr die Voraussetzung für die Abendmahlszulassung. Mehr und mehr rückt die Bedeutung der Konfirmation weg von dieser Fokussierung auf das Abendmahl hin zum Aspekt, dass die Jugendlichen ihre Gemeinde und die Gemeinde ihre Jugendlichen in der Konfirmationszeit kennenlernen können und die Jugendlichen noch einmal ganz intensiv die Möglichkeit haben, sich mit ihrem christlichen bzw. ihrem spezifisch reformierten Glauben auseinanderzusetzen.

Und Konfirmation findet im Alter von 14, 15 Jahren statt – an einer Stelle im Leben eines jungen Menschen, wo er beginnt, viel mehr als zuvor zu hinterfragen. Wo er beginnt, aufzubegehren gegen Dinge in seiner familiären, schulischen, gesellschaftlichen Umgebung, die ihm bisher als „das ist so und das hat so zu sein“ wie selbstverständlich und ohne Frage vorgesetzt wurden.

Konfirmation ist zeitlich also dort im Leben angesiedelt, wo ein junger Mensch beginnt, sich seine eigene Meinung zu bilden, zunächst vielleicht zaghaft – aber dann doch immer mehr zu seiner eigenen Meinung auch steht, beginnt, überhaupt erstmal bewusst eine eigene Meinung zu bilden und sich eben nicht mehr alles vorsetzen zu lassen. In diesem Alter von 14, 15 Jahren beginnt ein junger Mensch also mündig zu werden. Wir wissen alle – mit 14, 15 Jahren ist man noch nicht voll mündig nach staatlichen Gesichtspunkten, aber dieser Prozess des Mündigwerdens beginnt.

Warum erzähle ich Ihnen das alles? Konfirmation haben Sie schließlich schon gefeiert zu Christi Himmelfahrt – vielleicht hat Ihnen Pfarrer Langhoff auch all das erzählt, was ich jetzt so gesagt habe.

Warum das alles? – Weil wir heute Pfingsten feiern! Und Pfingsten ist in gewisser Weise das Fest des Mündigwerdens einer jeden Christin und eines jeden Christen.

Vergessen Sie bitte mal eben, was ich Ihnen jetzt alles zum Mündigwerden eines Jugendlichen erzählt habe und überlegen Sie, was immer wieder in Situationen, wo Menschen Position beziehen müssen, eine Entscheidung treffen dürfen, sich eine bestimmte Meinung bilden sollen usw. passiert.

Es passiert immer wieder, dass – nicht alle, aber doch eine Menge - Menschen sich denen in ihrer Position, in ihrer Entscheidung und Meinung anschließen, die den stärksten und lautesten Ton angeben – vollkommen egal, ob ihre Position, Entscheidung und Meinung jetzt die richtige und beste in der jeweiligen Situation ist.

Irgendwann ist das bestimmt schon jedem von uns mal so passiert – obwohl wir uns danach vielleicht gesagt haben, dass wir das so gar nicht wollten. Aber das steckt so in uns drin! Denn die ersten zehn, fünfzehn, manchmal auch zwanzig Jahre unseres Lebens geben uns – in der Regel – unsere Eltern, unsere Familien, unser Umfeld vor, wo es langzugehen hat im Leben.

Das ist vollkommen normal, weil der Mensch das am Anfang einfach braucht. Und erst so mit 15 Jahren und mit jedem Jahr Älterwerden haben wir immer mehr die Chance, zu hinterfragen, ob das auch wirklich der Weg ist, den wir gehen wollen und sollten.

Vielleicht können Sie sich gut vorstellen, wie das damals zwischen Jesus und seinen Jüngerinnen und Jüngern war. Wenn jemand eine Gruppe von Leuten längere Zeit leitet und alle orientieren sich an ihm, dann schauen sie manchmal ganz schön dumm aus der Wäsche, wenn der Anführer ihrer Gruppe plötzlich weg ist und sie nicht mehr wissen – wer sagt denn nun, wo´s lang geht? Dass das auch für seine Jüngerinnen und Jünger schwierig werden könnte, wenn er weg ist – das weiß auch Jesus damals, als er das sagt, was wir im Evangelium gehört haben:

Es ist gut für euch, dass ich weggehe. Denn wenn ich nicht weggehe, wird der Fürsprecher nicht zu euch kommen; wenn ich aber gehe, werde ich ihn zu euch senden.

Ich glaube, dass es nicht nur darum geht, dass mit dem Weggang Christi, mit seiner Himmelfahrt nun der Platz frei geworden ist für die Sendung des heiligen Geistes.

Ich glaube, dass es auch ganz entscheidend und wichtig war, dass die, die Jesus damals nachfolgten, nicht mehr nur an seinem Rockzipfel hängen und ihn bei jedem Problem um Rat fragen konnten – sondern dass sie das durch Jesus Vermittelte nun auch in ihrem Leben und unter den Menschen damals in die Tat umsetzen mussten. Wäre Jesus weiter auf der Erde geblieben – auch als Auferstandener – es hätte sein können, dass seine Jüngerinnen und Jünger nie den Schritt in die Eigenständigkeit geschafft hätten. Wir wissen ja auch gar nicht, wieviele ihm damals – sicher, ohne dass er das wollte – in gewisser Weise hörig waren. Aber gerade das wollte er doch nicht!

Es ging nicht darum, einen neuen Herrscher und Guru zu schaffen, dem alle an den Lippen hängen und von dem alle ohne zu hinterfragen alles an- und aufnehmen. Um Hörigkeit ging es Jesus nie.

Dass die Liebe seines Vaters zu den Menschen verbreitet wurde, dass die Menschen besser leben konnten, dass mehr Friede und Gerechtigkeit herrschte – darum ging es ihm. Dazu hatte er die, welche ihm nachfolgten und zuhörten, angewiesen. Und diese mussten nun – ob sie wollten oder nicht – in die Freiheit entlassen werden und in die Notwendigkeit, selbst aktiv werden zu müssen.

Insofern kann man Himmelfahrt – Jesus geht und verlässt die Erde, und Pfingsten – der Geist der Wahrheit nimmt Wohnung in den Herzen der an Christus Glaubenden – durchaus auch einmal aus der Perspektive erzieherischer Maßnahmen betrachten.

Für die einzelne Christin, für den einzelnen Christen heißt es nun – Du musst, Du darfst allein entscheiden, was richtig und was falsch ist. Jesus lässt sie ja nicht ganz allein – er hat ihnen ja die Botschaft von Gott, seinem Vater, mitgegeben. Und nun ist es der Geist Gottes - der unsichtbar wie ein Band, wie eine Wolke und wie ein Hauch zwischen allen Christinnen und Christen weht – nun ist es der Geist Gottes, der den glaubenden Menschen in der Wahrheit Gottes führt.

Dieser Geist Gottes, der in manchen Bibelübersetzungen auch „Tröster", „Beistand" oder „Fürsprecher" genannt wird, wird denen verliehen, die wirklich an Jesus Christus und Gott, unseren Vater im Himmel, glauben. Und zunächst wird er auch ganz wichtig gewesen sein als eben dieser „Tröster", der über den Verlust Jesu auf Erden hinwegtröstet. Das war ja alles ziemlich neu am Anfang für Jesu Jüngerinnen und Jünger.

Verlust auf der einen Seite – und Trost und Wegbegleitung auf der anderen Seite. Natürlich ist der heilige Geist jetzt nicht ein neuer Guru.

Ich stelle ihn mir immer vor wie ein GPS-System, ein Navigationsgerät in unserem Denken, Fühlen und Handeln. Vielleicht wirkt er manchmal durch eine innere Stimme in uns, vielleicht auch durch die Stimme eines anderen Menschen um uns herum, durch etwas, was wir lesen oder durch ein Bild, das vor unseren Augen auftaucht. Da gibt es so viele Möglichkeiten für den heiligen Geist, sich zu zeigen, Gestalt anzunehmen, um Wegbegleitung anzubieten, den Willen Gottes zu vermitteln und um die richtige Richtung im Leben zu zeigen.

Wenn es so läuft, dann kann es der Geist Gottes sein - aber allzu oft schleicht sich der Geist der Welt wieder bei uns ein.

Da ist zum einen das Problem mit der Hörigkeit – der Mensch findet es schön, wenn andere sagen, wo´s langgeht, man selbst keine Entscheidungen treffen und sich die Finger nicht schmutzig machen muss. Das kennen wir ja eben schon als Kinder, und in dieses kindliche Verhalten fallen wir zuweilen auch als Erwachsene zurück. Seien wir mal ehrlich - wer sehnt sich denn nicht manchmal nach ein bisschen embryonaler Geborgenheit zurück?!

Und zum anderen gibt es da auch eine ganze Menge Leute, die der Meinung sind, genau zu wissen, was der Geist Gottes sagen will. Und die glauben, dass allein sie Herr über diesen Geist sind und seine angebliche Botschaft allein verwalten und weitergeben dürfen.

Vorsicht – auf dieser unserer Welt ist niemand Herr über den heiligen Geist. Denn es gibt nun mal auch keinen legitimen Stellvertreter Christi auf Erden – außer den heiligen Geist vielleicht selbst, der im Grunde genommen aber von Jesus Christus und von Gott kommt und durch die drei Naturen in einer Person im Grunde auch Christus und Gott in einer Person ist.

Niemand in dieser Welt ist Herr über den Geist Gottes. Zu Pfingsten wird uns dieser Geist verliehen – auch gerade deswegen, weil wir als Christinnen und Christen selbst entscheiden sollen und müssen, was in unserem Leben und um uns herum zu tun, zu denken, zu sagen und zu handeln ist. Das müssen wir selbst machen – die Kraft und die Fähigkeit dazu erhalten wir von Gott. Wir sind auf uns selbst gestellt und doch sind wir nicht allein gelassen.

Und niemand kann uns diese Selbständigkeit verbieten – keine Pfarrerin, kein Bischof, kein Papst. Natürlich legitimiert das, was ich jetzt über das selbständige Handeln von Gläubigen gesagt habe, nicht dazu, sich als neue Herren aufzuführen. Man muss sich in einer christlichen Gemeinde auch mal korrigieren lassen können durch die Mitbrüder und Mitschwestern – man lese dazu nur im Matthäusevangelium im Kapitel 18 über die Zurechtweisung in der Gemeinde!

Ich kann für mich selbst nicht den christlichen Glauben leben. Christliches Leben bedeutet Leben mit anderen. Denn würde ich nur für mich diesen Glauben leben, würde ich versumpfen in Egoismus, Egozentrik, Narzissmus und Bauchnabelschau. Ich muss meinen christlichen Glauben mit anderen zusammen leben. Aber das ist es, was ich an unserem evangelischen Glauben und in unserer evangelischen Kirche so liebe – als Christin darf ich trotzdem aufstehen und mich äußern. Ich darf mich zu Wort melden, wenn ich das Gefühl habe, dass etwas nicht passt, wenn ich erlebe, dass Unrecht passiert, vielleicht etwas unterlassen wird, wo etwas getan werden müsste. Niemand in unserer Kirche hat das Recht, mir als Christin den Mund zu verbieten.

Natürlich – es darf nicht zu Irrlehren kommen, die das Gleichgewicht einer Gemeinde, einer Kirche zerstören. Oder es muss eben auch darauf geachtet werden, dass eine Streitkultur nicht den Frieden in einer christlichen Gemeinschaft zerstört. Es klingt irgendwie komisch – aber die Möglichkeit des Ungehorsams ist für mich ein sehr positives Kennzeichen unseres christlichen evangelischen Glaubens.

Hörigkeit ist ein Kennzeichen des Geistes dieser Welt. Das darf es bei uns aber einfach nicht geben. Das wäre falsch. Und trotzdem erleben wir das immer wieder, dass angeblich so göttlichen Persönlichkeiten blind vertraut und gefolgt wird – obwohl die Dinge, die sie sagen, vielleicht von jedem Christen selbst in der Bibel nachgelesen, ausgesprochen, angewandt und gelebt werden könnten.

Jesus zerschlägt die Möglichkeit der Hörigkeit mit seiner Himmelfahrt. Und ich bin mir sehr, sehr sicher, wenn er sehen würde, wie viel Hörigkeit es auch in unseren evangelischen Kirchen gibt, dass er wie damals die Händler aus dem Tempel all die Hörigkeit aus unseren Herzen, Gemeinden, Gremien und Kirchen verbannen würde.

Jesus zwingt die ihm Nachfolgenden zur Mündigkeit durch seinen Weggang und lässt sie trotzdem nicht allein. Denn der Geist der Wahrheit ist nun da. Und dieser Geist begleitet, geleitet und gibt immer wieder neu die Wahrheit Gottes in unsere Herzen. Denn Gott nimmt zu Pfingsten Wohnung in uns und setzt uns durch seinen Geist in uns in Bewegung. Aber tun, reden und handeln muss und darf ich als Mensch, als Christin selbst.

Amen.

Gott im Herzen und die materielle Sorge im Kopf - Mt 6,25-34: Gottesdienst am 16. September 2012

Jesus Christus spricht: Darum sage ich euch: Sorgt euch nicht um euer Leben, was ihr essen werdet, noch um euren Leib, was ihr anziehen werdet. Ist nicht das Leben mehr als die Nahrung und der Leib mehr als die Kleidung? Schaut auf die Vögel des Himmels: Sie säen nicht, sie ernten nicht, sie sammeln nicht in Scheunen, und euer himmlischer Vater ernährt sie. Seid ihr nicht mehr wert als sie? Wer von euch vermag durch Sorgen seiner Lebenszeit auch nur eine Elle hinzuzufügen? Und was sorgt ihr euch um die Kleidung? Lernt von den Lilien auf dem Feld, wie sie wachsen: sie arbeiten nicht und spinnen nicht. Ich sage euch aber: Selbst Salomo in seiner ganzen Pracht war nicht gekleidet wie eine von diesen. Wenn aber Gott das Gras des Feldes, das heute steht und morgen in den Ofen geworfen wird, so kleidet, wie viel mehr dann euch, Kleingläubige! Sorgt euch also nicht und sagt nicht: Was werden wir essen? oder: Was werden wir trinken? oder: Was werden wir anziehen? Denn nach all dem trachten die Heiden. Euer himmlischer Vater weiß nämlich, dass ihr dies alles braucht. Trachtet aber zuerst nach seinem Reich und seiner Gerechtigkeit, dann wird euch dies alles dazugegeben werden. Sorgt euch also nicht um den morgigen Tag; denn der morgige Tag wird für sich selber sorgen. Jeder Tag hat genug an eigener Last. Schaut auf die Vögel des Himmels: Sie säen nicht, sie ernten nicht, sie sammeln nicht in Scheunen, und euer himmlischer Vater ernährt sie.

Liebe Gemeinde!

Meine Eltern wohnen in Bräunsdorf, einem kleinen Dorf mit etwa 1000 Einwohnern in der Nähe von Chemnitz in Sachsen. Dort gibt es einen schönen, kleinen Teich in der Mitte des Dorfes. Viele Enten und drei Schwäne kann man dort täglich im Moment beobachten. Manchmal, wenn man an dem Teich vorbeifährt, dann watschelt einem da vor dem Auto auch mal eine große Anzahl dieser Tiere vorbei. So vergnügt und gemächlich, wie sie das tun, scheint da keine Sorge in ihnen zu sein – dass z.B. ich sie überfahre oder ob sie an dem Tag genug Nahrung finden.

Wenn sie nicht gerade auf dem Wasser sind, trocknen sie sich auf der Wiese. Nahrung finden sie im Wasser oder an seinen Ufern oder auch, wenn wir ihnen mal altes Brot, trockenen Kuchen oder ähnliches zuwerfen. Dann freuen sich auch die Karpfen, die da drin schwimmen, bis sie jetzt im Herbst abgefischt und dann geschlachtet werden. Kaum jemand füttert oder kümmert sich regelmäßig um die Tiere auf und in diesem Teich. Trotzdem ist dort Jahr für Jahr eine große Menge an Enten, bunten und grauen und immer so an die zwei bis vier Schwäne, den großen, weißen und den kleinen, grauen, vorhanden. Trotzdem haben Enten und Schwäne ihr schützendes Federkleid. Trotzdem wachsen und gedeihen die Karpfen. Und trotzdem findet auch der Reiher an dem seichteren Ufer immer genug Nahrung.

Jesus fragt – sind wir Menschen nicht viel mehr wert als diese Enten und Schwäne? Wenn diese kleinen Lebewesen schon genug Nahrung und Kleidung haben – warum sorgen wir uns dann eigentlich immer darum – oder vielleicht auch heute eher immer um Wohlstand, Reichtum, Ansehen? Sind wir nicht viel größer und mehr wert als diese Tiere? - Den Wert der Enten und Schwäne möchte ich natürlich jetzt nicht mindern. Aber - Vögel, Schwäne, Enten, Karpfen arbeiten nicht. Zumindest nicht so, wie wir Arbeit verstehen. Sie säen kein Gras, sie spinnen sich ihr Federkleid nicht, sie betreiben keine große Fischzucht. Warum machen wir Menschen uns aber Sorgen um unser Leben?

Gott hat uns einen Verstand und Hände gegeben, die arbeiten können. Wir können säen, ernten, spinnen. Mit unseren Händen können wir für unsere Nahrung und Kleidung sorgen. Wenn Gott also selbst den Tieren genug Nahrung und Kleidung gibt, warum sollten wir uns dann sorgen? Wir, zu denen Jesus sagt: „Seid ihr denn nicht viel mehr wert als sie?“

Mit dem griechischen Verb merimnan wird in der griechischen Fassung des Predigttextes das Sorgen ausgedrückt. Es charakterisiert die Haltung eines Menschen, der auf etwas Bestimmtes aus ist. Es soll ihn voll und ganz bestimmen. Es soll sein Denken, Wollen, Handeln bestimmen. Zur Erreichung dessen, worauf er aus ist, wird er keine Mühe scheuen.

Hier stellt sich für mich die Frage – worauf ist unser Leben heute eigentlich in erster Linie ausgerichtet? Worauf ist mein Leben ausgerichtet? Füllt die Sorge um Nahrung, Kleidung, Geld und Gut unser Leben – mein Leben allein aus? Oder anderes? Oder soll Gott unser einziger Lebensinhalt sein? Sein kommendes Reich? Seine Form von Gerechtigkeit?

Neben den Vögeln nennt Jesus die Lilie. Eine Lilie haben wir alle schon einmal gesehen – solch eine wunderschöne Blume, die aber auch ganz gewaltig duftet und mit einer Portion zuviel von ihrem Duft ganz schöne Kopfschmerzen verursachen kann! Jesus sagt über die Lilien: „Ich sage euch, daß auch Salomo in all seiner Herrlichkeit nicht gekleidet gewesen ist wie eine von ihnen.“

Nun gibt es sicher eine Menge Lilien, die von Menschen Hand gesät, gezüchtet und gewässert werden. Aber da gibt es ja auch die wilden Lilien, die an den Ufern eines Sees, eines Flusses oder im Sumpf wachsen. Keiner hat sie dort hingepflanzt. Keiner wässert und düngt sie. Und trotzdem wachsen sie dort - durch Gottes Hand.

Vögel erhalten Nahrung und tragen ihr Federkleid. Die Lilie hat genug Wasser und ist wunderschön angezogen. Gott läßt die Sonne und den Mond aufgehen und untergehen. Alles geht seinen Gang in der Natur. - Nur bei uns oft nicht. Das meinen wir zumindest. Wir sorgen uns allzu oft um unsere Nahrung, unsere Kleidung oder heute vielleicht eher auch um den Bestand unseres Arbeitsplatzes, unsere Pension, unseren Wohlstand, ein sehr gutes Gesundheitssystem und, und, und.

Ist das eigentlich notwendig? Wäre es nicht einfacher, diese Schwere, Belastung und zuweilen sicher auch Verbissenheit der täglichen Sorge loszulassen? Wir könnten sie gegen die Leichtigkeit des Vertrauens auf Gott eintauschen. „Wenn nun Gott das Gras auf dem Feld kleidet, das doch heute steht und morgen in den Ofen geworfen wird, sollte er das nicht viel mehr für euch tun, ihr Kleingläubigen?“ Das sagt Jesus darauf zu uns.

Es gibt sicher oft Momente in unserem Leben, wo wir einem solchen Kleinglauben verfallen. Wo der Dienst am Reichtum in unser Leben tritt. Der Dienst am Mammon ist die extreme Sorge um den nächsten Tag. Was werden wir essen. Was werden wir anziehen? Haben wir genug Geld, genug Eigentum. Ist unser Job noch sicher? Reicht unser Gehalt später einmal für eine angemessene Pension, um nicht der Altersarmut zu verfallen? - Diese Sorgen können in einem Leben zum einzigen Lebensinhalt werden. Und wenn unser Herz nur noch von der Sorge um Geld und Eigentum ausgefüllt wird, dann kann es nicht mehr von Gott ausgefüllt werden. Dann ist dort kein Platz mehr für ihn. Dann ist dort kein Platz mehr für Dinge in dieser Welt, die vielleicht viel wichtiger sind als ein Flachbildfernseher und drei Urlaubsreisen im Jahr.

Jesus verweist darauf: „Niemand kann zwei Herren dienen: entweder er wird den einen hassen und den andern lieben, oder er wird an dem einen hängen und den andern verachten.“ Ja, er hat recht damit! So ist es!

Liebe Gemeinde, wir können nicht auf der einen Seite Gott vertrauen und unser Herz von dem Vertrauen auf IHN ausgefüllt sein lassen, wenn wir auf der anderen Seite in ständiger Sorge um Nahrung, Kleidung, Geld und Eigentum sind. Gott im Herzen und die materielle Sorge im Kopf – das sind zwei Dinge, die einander ausschließen.

Jesus sagt deshalb ganz klar: „Ihr könnt nicht Gott dienen und dem Mammon." Dem Mammon dienen, nach Geld und Gut allein trachten, das machen nur die Heiden, die Ungläubigen, erzählt Jesus. Also nur der, der nicht an Gott glaubt. Der, der nicht die von Gott geschenkte Zuversicht und Hoffnung in diesem Leben in seinem Herzen trägt, hat ständig diese Sorgen in sich. Der Mensch, der vergisst, mit offenen und dankbaren Augen durch die Welt zu gehen. Er sieht nicht die Vögel und Lilien, die keiner füttert, die aber doch leben.

Seien wir ehrlich - wie oft haben denn auch wir diese Sorgen und zelebrieren sie richtig schön? Ich nehme einmal an, dass Sie sicherlich genauso wie ich eine ganze Menge an Menschen kennen, deren Reden, Denken, Tun nur von dieser Sorge handelt. Wenn diese Sorgen bedeuten, daß ich alles andere in diesen Momenten gleichzeitig aus meinem Leben schiebe, dass da für nichts anderes mehr Platz ist - dann hört sich das gar nicht gut an. Diese Sorgen werden dann zum ersten Trachten in solch einem Leben. Aber Jesus sagt da zu uns, daß wir als die Kinder Gottes ganz unbesorgt sein müssen. „Denn euer himmlischer Vater weiß, daß ihr all dessen bedürft."

Trachtet zuerst nach dem Reich Gottes und nach seiner Gerechtigkeit, so wird euch das alles zufallen.

Jesus durchbricht mit diesen Worten alle menschliche Sorge um Hab und Gut. Er betont, daß es allein auf das Reich Gottes ankommt. Wenn ich mich am Reich Gottes orientiere, wenn ich mich nach Gottes Gerechtigkeit richte, dann brauche ich mich nicht mehr um die täglichen Dinge zu sorgen.

Liebe Gemeinde, ist Ihnen schon einmal etwas so einfach zugefallen? Jetzt natürlich nicht die Tür oder so - hat jemand schon mal die Erfahrung gemacht, daß er etwas benötigt hat und nirgendwo ging ein Weg rein, daß er es bekam? Und plötzlich war es wie aus heiterem Himmel vorhanden? Oder man bekommt etwas Großartiges, obwohl man dessen eigentlich gar nicht bedarf. Man wird einfach beschenkt.

Das ist ein bisschen wie mit den Zucchini von meinem Vater. Meine Eltern haben einen sehr großen Garten. Sie pflanzen dort jedes Jahr verschiedene Gemüsesorten an. Kürbisse, Zwiebeln, Tomaten, Zucchini, manchmal auch Kartoffeln. Vor mehr als zehn Jahren ging mein Vater im Frühjahr zum Gärtner im Dorf und holte kleine Zucchinipflänzchen. Von Pflanze konnte da noch keine Rede sein, so klein waren die Dinger! Er pflanzte sie in die Erde und goss die Pflänzchen regelmäßig. Aber außerordentliche Pflege, Dünger, bekamen sie nicht. Er dachte sich einfach, dass die gute Erde und das Regenwasser für die Pflanzen schon sorgen werden. Er hatte nur den Boden gut gelockert und hielt die Pflanzen von allen Schädlingen und Unkraut frei – wie man das eben so macht. Herausgekommen ist dabei u.a. eine Pflanze, die zwei Zucchinifrüchte hatte – so groß wie Kürbisse!

Meinem Vater fielen diese großen Früchte einfach zu. Er hatte sich nicht vorgenommen, riesige Früchte zu erhalten, um sie dann vielleicht auf irgendeinem Wochenmarkt oder Bauernhoffest zu präsentieren – wer hat die größten Zucchini geerntet oder so. Die kamen einfach von selbst.

Und so ist es auch ein bisschen mit dem Reich Gottes. Reich Gottes heißt ja u.a., zu versuchen, so zu leben, wie Gott es sich von uns, für uns und für diese Welt wünscht. Leben nach Gottes Maßstäben – das ist Reich Gottes. Wenn wir nach ihm trachten, wenn wir nach Gottes Gerechtigkeit leben, dann kommen alle Gaben, die wir benötigen, von selbst. Wenn wir z.B. auf das Vaterunser schauen, so kommt dort erst die Zeile „Dein Reich komme“. Erst danach folgt die Bitte „Unser tägliches Brot gib uns heute“. Also erst das Reich, dann das Brot!

Nach dem Reich Gottes trachten, auf das einem alles zufällt, heißt natürlich nicht und kann natürlich nicht heißen, die Hände in den Schoß zu legen, alles stehen und liegen zu lassen. Es heißt nicht – ich brauche nichts mehr zu tun, Gott sorgt, besorgt alles für mich, und ich kann mich zurücklehnen. Nach dem Reich Gottes zu streben, bedeutet auch wesentlich, nach den Regeln Gottes zu leben. Gott gibt mir einen Verstand und Hände, die arbeiten können. Ich kann säen, ernten, spinnen. Nach Gottes Gerechtigkeit ist es mir aufgetragen, dem Hungernden Essen zu geben. Die Leidtragenden sollen von mir getröstet werden. Sünden muß ich versuchen, zu vergeben und mich genauso bemühen, meinen Feind zu lieben. Unrecht soll ich vermeiden und dort für Gerechtigkeit sorgen, wo Unrecht geschieht.

Wenn es mir gelingt, mich mit meinem Leben wirklich auf den Weg zum Reich Gottes zu begeben, dann hat auf diesem Lebensweg die Schwere der Sorge durch die Leichtigkeit des Vertrauens auf Gott keinen Platz mehr. Im System des Vertrauens auf Gott ist die Sorge um Hab und Gut sozusagen ein Systemfehler.

Amen.

Das habt Ihr mir getan - Mt 25,31-46:

Gottesdienst am 18. November 2012

Wenn aber der Menschensohn in seiner Herrlichkeit kommt und alle Engel mit ihm, dann wird er sich auf den Thron seiner Herrlichkeit setzen. Und alle Völker werden vor ihm versammelt werden, und er wird sie voneinander scheiden, wie der Hirte die Schafe von den Böcken scheidet. Und er wird die Schafe zu seiner Rechten stellen, die Böcke aber zur Linken. Dann wird der König denen zu seiner Rechten sagen: Kommt her, Gesegnete meines Vaters, erbt das Reich, das euch bereitet ist von Grundlegung der Welt an. Denn ich war hungrig, und ihr habt mir zu essen gegeben. Ich war durstig, und ihr habt mir zu trinken gegeben. Ich war fremd, und ihr habt mich aufgenommen. Ich war nackt, und ihr habt mich gekleidet. Ich war krank, und ihr habt nach mir gesehen. Ich war im Gefängnis, und ihr seid zu mir gekommen. Dann werden ihm die Gerechten antworten: Herr, wann haben wir dich hungrig gesehen und haben dir zu essen gegeben, oder durstig und haben dir zu trinken gegeben? Wann haben wir dich als Fremden gesehen und haben dich aufgenommen, oder nackt und haben dich gekleidet? Wann haben wir dich krank gesehen oder im Gefängnis und sind zu dir gekommen? Und der König wird ihnen zur Antwort geben: Amen, ich sage euch: Was ihr einem dieser meiner geringsten Brüder getan habt, das habt ihr mir getan. Dann wird er auch denen zur Linken sagen: Geht weg von mir, Verfluchte, in das ewige Feuer, das bereitet ist für den Teufel und seine Engel! Denn ich war hungrig, und ihr habt mir nicht zu essen gegeben. Ich war durstig, und ihr habt mir nicht zu trinken gegeben. Ich war fremd, und ihr habt mich nicht aufgenommen. Ich war nackt, und ihr habt mich nicht gekleidet. Ich war krank und im Gefängnis, und ihr habt nicht nach mir gesehen. Dann werden auch sie antworten: Herr, wann haben wir dich hungrig oder durstig gesehen oder fremd oder nackt oder krank oder im Gefängnis und haben nicht für dich gesorgt? Dann wird er ihnen antworten: Amen, ich sage euch: Was ihr einem dieser

Geringsten nicht getan habt, das habt ihr mir nicht getan. Und diese werden in die ewige Strafe gehen, die Gerechten aber in das ewige Leben.

Liebe Gemeinde,

wenn ich diese Worte vom Weltgericht des Menschensohns höre und lese, dann bekomme ich jedes Mal ein schlechtes Gewissen. Dann fühle ich mich schuldig. Dann schäme ich mich! Und ich frage mich auch jedes Mal – oje, wo werde ich denn einmal stehen, wenn es um das Weltgericht für mich geht? Wird der Menschensohn mich den Schafen zu seiner Rechten zuordnen oder muss ich befürchten, dass ich zu der Gruppe der Böcke zu seiner Linken gezählt werde? Werde ich das Reich Gottes und das ewige Leben ererben oder werde ich eines Tages ins ewige Feuer geworfen, wo ich ewige Strafen erleiden werde?

Ich nehme einmal an, dass nicht nur mir solche Gedanken bei diesem Predigttext durch den Kopf gehen. Wie geht es Ihnen damit? Fürchten Sie sich auch ein wenig vor diesem Richterstuhl des Menschensohns? Oder sind Sie sich ganz gewiß, dass Sie einmal bei den Gesegneten Gottes auf der rechten Seite stehen werden und ganz und gar nichts Negatives nach Ihrem Tod zu befürchten haben? Oder gehören Sie vielleicht zu den Menschen, ja auch zu den Christinnen und Christen, die so gar nichts mit diesem Gedanken vom Weltgericht am Ende dieser Welt oder nach dem eigenen Tod anfangen können?

Zugegeben – ich muss, darf, kann – wie auch immer man das ausdrücken mag – als Pfarrerin über dieses Weltgericht im heutigen Predigttext predigen – aber ich darf mir als Mensch und damit auch als Pfarrerin eingestehen, dass ich mit der Vorstellung eines Weltgerichts, wie es hier geschildert wird, so meine Probleme habe. Ja, ich kann mir nicht vorstellen, dass es ganz genauso ablaufen wird. Ja, ich kann nicht glauben, dass es dieses juristische Szenario mit Richterstuhl und Angeklagten, die zur rechten und zur linken Seite geschoben werden, geben wird.

Aber eines kann ich mir durchaus sehr gut vorstellen – ja, und daran glaube ich auch fest: dass es nicht egal ist, was wir in unserem Leben tun und was wir unterlassen. Dass es nicht egal ist, wieweit wir die Nachfolge Jesu Christi in unserem Leben realisieren oder geflissentlich übergehen. Dass Gott durchaus sieht und wahrnimmt, was wir tun, wie wir leben, was wir von dem verwirklichen, was wir von Jesus gehört und gelernt haben. Daran glaube ich fest! Und dieser Predigttext über das Weltgericht ist durchaus wieder eine willkommene Gelegenheit, darüber nachzudenken, wieweit wir uns auf dem Weg Gottes in unserem Leben befinden oder wieweit wir davon bereits abgekommen sind.

Wenn wir dieses geschilderte Szenario mit Richterstuhl, Schafen und Böcken einmal beiseite lassen, dann geht es immer wieder um das eine – jemandem, der es nötig hat, etwas zum Essen, zum Trinken, etwas zum Anziehen zu geben. Einen Fremden aufzunehmen, eine Kranke zu besuchen und jemanden, der im Gefängnis sitzt, nicht allein zu lassen. Es muss gar nicht der Menschensohn und damit Jesus Christus selbst sein, an dem wir so handeln. Es geht um einen seiner geringsten Brüder – und damit ist kein anderer und keine andere gemeint als ein ganz normaler und vielleicht in unserer Gesellschaft gar nicht so bedeutender Mann an der nächsten Straßenecke oder eine unscheinbare Frau, der wir in der U-Bahn gegenüber sitzen. Es geht nicht um große Taten an großen, bedeutenden Menschen. Es geht bereits um die kleinen Gesten gegenüber unseren ganz einfachen Mitmenschen.

Wieder habe ich dabei einen Gedanken, einige Bilder vor Augen. – Wir leben hier in einer Großstadt. Jeder und jede von uns wird einen Bettler, eine Bettlerin kennen, die er oder sie immer wieder an einer bestimmten Stelle in der Nähe der Wohnung, des Hauses, des Arbeitsplatzes oder in der Gegend, in der wir am meisten unterwegs sind, antreffen. Als ich vor 13 Jahren nach Wien gekommen bin, waren die Verkäufer der Augustin-Zeitschrift meist ÖsterreicherInnen, in der Regel WienerInnen mit den schönsten und heftigsten Akzenten, die die einzelnen Wiener Grätzl so zu bieten haben. Heute sehe ich kaum noch ÖsterreicherInnen den Augustin verkaufen – es sind meist Menschen mit dunkler Hautfarbe, manchmal mit südländischem Aussehen, die heute diese und andere Zeitschriften anbieten.

Was ist da passiert, was hat sich da geändert? Wo ist der typische Wiener Obdachlose hin, der früher den Augustin verkauft hat? Ehrlich gesagt – ich weiß das nicht. Vielleicht müsste man mal nachfragen bei Diakonie, Caritas & Co. Ich kann nur hoffen, dass es inzwischen genügend Einrichtungen und genügend Programme gibt, die Obdachlosen eine Unterkunft, genügend zum Essen und zum Trinken, Kleidung und eine Zukunftsperspektive geben können, so dass sie nicht mehr auf der Straße leben müssen. Aber seien wir ehrlich – auch wenn sich das Bild der Obdachlosen und BettlerInnen in Wien verändert hat – auch vor zehn Jahren ist es uns doch bestimmt schon schwer gefallen, den Menschen auf der Straße etwas zu geben oder?! Auch vor zehn Jahren spukte da doch in unserem Hinterkopf der Gedanke herum – wenn ich dem da an der Ecke jetzt 10 Schilling in die Hand drücke, dann rennt der doch gleich zum nächsten BILLA und kauft sich den billigsten und meisten Alkohol, den er dafür kriegen kann!

Heute hat sich unser Bild von Bettlerinnen und Bettlern in Wien vielleicht geändert. Heute sehen wir vielleicht eher Menschen aus dem Kosovo, Serbien, Rumänien, Bulgarien an den Ecken und Enden unserer Straßen betteln. Manche Frauen sitzen mit einem schlafenden Kind in den Armen an Häuserwänden, ungewaschene Männer mit Schüttellähmung torkeln am Stock und in viel zu großen Mänteln über die Gehsteige. Und wieder sind wir misstrauisch, ihnen etwas Geld zu geben. Vielleicht müssen wir stutzen, weil die Frau mit dem Kind eine Handtasche bei sich hat, die deutlich teurer als unsere eigene ausschaut. Oder wir sehen den Bettler einmal mit einem Handy telefonieren, das irgendwie den Eindruck macht, ein viel Besseres als unseres zu sein.

Und dann lesen wir in der Zeitung wieder von den Bettlerbanden und Bettlergruppen, wo Menschenhändler arme und bedürftige Menschen aus den entsprechenden südländischen Staaten nach Wien karren, sie in teuren und verwahrlosten Wohnungen unterbringen und sie dann für die eigene Tasche betteln lassen – und die Bettlerinnen und Bettler, die wir antreffen und sehen, die sehen von unserem Geld meist nichts oder nur einen Bruchteil.

Ich weiß nicht, ob das jetzt alles so genau stimmt, was ich mir da so zusammenreime aus dem, was ich sehe, was ich wahrnehme, was ich höre und lese. Wenn es deswegen an dieser Stelle wieder für uns schwer ist, diesen, unseren geringsten Mitmenschen auf den Straßen etwas Gutes in ihrem Elend zu tun, weil wir fürchten oder auch fürchten müssen, dass wir unser Geld damit eh nur in die gierigen Rachen von skrupellosen Menschenhändlern werfen – bitte, wenn wir an dieser Stelle trotzdem Gutes tun wollen, dann spenden wir unser Geld doch einfach an die großen gemeinnützigen Organisationen wie Caritas, Diakonie und wie sie alle heißen. Sie alle wissen, was sich im Obdachlosenmilieu und in den Bettlerbanden abspielt. Und sie haben vielleicht auch den richtigen Riecher und die richtigen Mittel, wie man denen helfen kann, die wir da auf der Straße sehen.

Aber wieder frage ich mich – kann ich mich mit einer 10Euro – Spende an die Diakonie von meiner Verantwortung gegenüber dem Menschensohn reinwaschen, wenn er feststellt:

Was ihr einem dieser meiner geringsten Brüder getan habt, das habt ihr mir getan.

Ist es damit schon getan?

Nein, ich glaube nicht! Tut mir leid, leider ist es mit einer 10Euro – Spende an eine gemeinnützige Organisation z.B. zur Unterstützung von Obdachlosen meines Erachtens noch nicht getan. Natürlich kann ich mich mit meiner Großzügigkeit auf die „großen Probleme“ in der Welt konzentrieren – wie gesagt, die Obdachlosen, die Essen, Trinken, Kleidung und ein Dach über dem Kopf brauchen und die Ausländer, die aus der Fremde bei uns eine neue Heimat suchen, weil es in ihrer eigentlichen Heimat kein gutes Leben mehr für sie aus wirtschaftlichen oder politischen Gründen gibt oder gab. Aber ich glaube, das reicht einfach nicht, wenn wir uns mit einer Spende nur so einfach „abputzen“ und meinen, unsere Schuldigkeit ist damit getan und das ewige Leben ist uns mit 10Euro sicher!

Was ihr einem dieser Geringsten nicht getan habt, das habt ihr mir nicht getan.

Ich persönlich bleibe besonders an den Kranken und denen, die im Gefängnis sind, bei unserem Predigttext hängen. Für mich ist damit gemeint, dass die geringsten Brüder und Schwestern um uns herum auch die sein können, die in der Gesellschaft vergessen werden, weil sie durch Krankheit nur noch daheim sein können und im Gespräch vielleicht nur noch von ihrer Einsamkeit und ihren Schmerzen erzählen. Und vergessen werden in unserer Gesellschaft oft auch die, welche durch eigene Schuld zur Verbüßung einer Strafe im Gefängnis gelandet sind oder nun von Verwandten, Freunden, Bekannten und ArbeitskollegInnen gemieden werden, weil sie einen Fehler begangen haben, der nicht nur ihnen, sondern auch anderem und anderen geschadet hat.

Liebe Gemeinde, ich werde Ihnen jetzt nicht vorschlagen und auch nicht von Ihnen verlangen, dass Sie sich unbedingt für ein ehrenamtliches Engagement in der evangelischen Krankenhausseelsorge oder in der evangelischen Gefängnisseelsorge melden und interessieren müssen. Sie sind vollkommen frei, das zu tun, was Sie möchten, was Sie wollen, was in Ihrer Macht steht, was Ihren Möglichkeiten entspricht – oder eben auch nicht. Jede und jeder von Ihnen muss das selbst entscheiden und auch selbst verantworten. Ich bin nicht der Menschensohn, ich werde nicht auf dem Richterstuhl sitzen und über das richten, was Sie in Ihrem Leben getan oder unterlassen haben.

Was mir bei diesem Predigttext aber wichtig geworden ist, was mir aufgefallen ist und was ich gern an Sie als Anregung weitergeben möchte – schauen Sie doch einmal auf das Geringste, auf das Kleine in Ihrer Nähe und Umgebung. Vielleicht auf den Menschen, der jetzt gerade hier im Gottesdienst neben Ihnen sitzt. Denken Sie doch einmal an die Bekannte, deren Anrufe sie schon gar nicht mehr entgegennehmen, wenn Sie ihre Telefonnummer auf dem Display sehen – weil es Sie nervt, dass sie nur noch von ihren Wehwehchen oder den Problemen mit den Kindern erzählt, die nicht so geraten sind, wie man sich das als Mutter vielleicht wünschen würde. Oder rufen Sie sich mal den Verwandten ins Gedächtnis, den in Ihrer Familie alle totschweigen, weil er einmal Mist gebaut, sich Geld ausgeliehen, es verspielt hat und seitdem so tief in den Schulden seiner Spielsucht sitzt, dass alle nur noch verächtlich auf ihn herabsehen und keiner mehr etwas mit ihm zu tun haben will.

Kann es sein, dass es der traurigen Person neben Ihnen in der Kirchenbank einfach mal gut tun würde, wenn jemand sie anlächelt, mal nachfragt, wie es ihr geht, mal ein freundliches Wort für sie übrig hat?

Ist es möglich, dass Ihre nervige Bekannte sich über einen kleinen Besuch freuen würde mit einem kleinen Kuchen und einem bunten Blumenstrauß – und gleich sieht der Tag ein bisschen fröhlicher aus und die Schmerzen und die Familienprobleme sind vielleicht für ein paar Minuten oder auch eine Stunde nicht mehr so wichtig und vorherrschend?! Sie müssen ja nicht lange bleiben, wenn sie doch nur wieder die ganze Zeit ihre Probleme groß und breit erzählt und Sie das nicht so lange ertragen. Eine Stunde halten Sie das bestimmt mal aus!

Und Ihr Verwandter – könnte es sein, dass er sich riesig darüber freut, wenn Sie ihn mal wieder zu sich einladen, ihn fragen, wie es ihm jetzt so geht, ob er vielleicht Hilfe braucht, Sie ihn zur Schuldnerberatung begleiten könnten oder Sie ihm einfach mal wieder ein ordentliches Sonntagsmenü vorsetzen mit einer Frittatensuppe, einem leckeren Schweinsbraten mit Kraut und Knödeln, dazu ein gutes Bier oder ein feiner Zweigelt und anschließend noch ein Stück warmer Apfelstrudel mit einer Vanillesauce und ein gutes Schnapserl dazu – denn so ein Festessen kann er sich seit langem nicht mehr leisten?! Sie können und Sie wollen vielleicht nicht seine zigtausend Euro Schulden abtragen. Und den Mist, den er gebaut hat, den muss er auch wirklich ganz alleine ausbaden. Aber trotzdem – z.B. durch so eine Einladung zeigen Sie ihm, dass er als Mensch trotz allem, was passiert ist, noch einen Wert hat und nicht abgeschrieben ist für Sie!

Möglicherweise sind solche Gesten der persönlichen Zuwendung, wo es weniger oder gar nicht um Materielles geht, oft viel wichtiger für die Menschen, die krank, einsam, verlassen, verstoßen und vergessen sind. Und es kommt eben nicht auf die großen Gesten und Taten an, sondern schon auf das Kleine, was wir tun könnten.

Amen, ich sage euch:

Was ihr einem dieser meiner geringsten Brüder getan habt, das habt ihr mir getan.

Amen.

Printed by Books on Demand GmbH, Norderstedt / Germany